经典精益管理译丛

中小企业
精益六西格玛实战指南

［英］吉朱·安东尼（Jiju Antony） 著
［印］S. 维诺德（S.Vinodh）
［印］E.V. 吉乔（E.V.Gijo）

余锋 何琦 译
王妍 审校

机械工业出版社

精益六西格玛（LSS）不仅适用于大企业，对中小企业同样有效。本书共分9章，介绍了中小企业导入精益六西格玛所需的各类条件，部署精益六西格玛应遵循的路线图、面临的挑战和可以避免的错误，以及适合中小企业环境的精益六西格玛基本先进的工具及衡量指标。书中通过中小企业运用精益六西格玛的5个优秀案例探讨了精益六西格玛的本质、项目选择，以及解决问题的方法论。

本书可助力中小企业推行精益六西格玛落地，也可供精益六西格玛的倡导者与推广者使用，还可供准备成为六西格玛绿带和黄带的管理人员和车间现场人员参考。

Lean Six Sigma For Small And Medium Sized Enterprises A Practical Guide / by Jiju Antony, S.Vinodh, E.V.Gijo / ISNB: 978-1-4822-6008-3

Copyright© 2016 by Taylor & Francis Group, LLC

Authorized translation from English language edition published by CRC Press, part of Taylor & Francis Group LLC; All rights reserved. 本书原版由Taylor & Francis出版集团旗下CRC出版公司出版，并经其授权翻译出版。版权所有，侵权必究。

China Machine Press is authorized to publish and distribute exclusively the **Chinese (Simplified Characters)** language edition. This edition is authorized for sale throughout **Mainland of China**. No part of the publication may be reproduced or distributed by any means, or stored in a database or retrieval system, without the prior written permission of the publisher. 本书中文简体翻译版授权由机械工业出版社独家出版并限在中国大陆地区销售。未经出版者书面许可，不得以任何方式复制或发行本书的任何部分。

Copies of this book sold without a Taylor & Francis sticker on the cover are unauthorized and illegal.本书封面贴有Taylor & Francis公司防伪标签，无标签者不得销售。

北京市版权局著作权合同登记图字：01-2016-8119号。

图书在版编目（CIP）数据

中小企业精益六西格玛实战指南/（英）吉朱·安东尼(Jiju Antony) 等著；余锋，何琦译. —北京：机械工业出版社，2020.9
（经典精益管理译丛）
书名原文:Lean Six Sigma for Small and Medium Sized Enterprises: A Practical Guide
ISBN 978-7-111-66266-2

Ⅰ.①中… Ⅱ.①吉…②余…③何… Ⅲ.①中小企业 – 企业管理 – 指南 Ⅳ.①F276.3-62

中国版本图书馆CIP数据核字（2020）第142406号

机械工业出版社（北京市百万庄大街22号 邮政编码100037）
策划编辑：孔 劲 责任编辑：孔 劲 於 薇
责任校对：孙丽萍 封面设计：鞠 杨 责任印制：郜 敏
北京圣夫亚美印刷有限公司印刷
2021年1月第1版第1次印刷
169mm×239mm · 12印张 · 229千字
0001—2000册
标准书号：ISBN 978-7-111-66266-2
定价：89.00元

电话服务　　　　　　　　　　网络服务
客服电话：010-88361066　　　机 工 官 网：www.cmpbook.com
　　　　　010-88379833　　　机 工 官 博：weibo.com/cmp1952
　　　　　010-68326294　　　金 书 网：www.golden-book.com
封底无防伪标均为盗版　　　　机工教育服务网：www.cmpedu.com

献给

谨以本书献给 Frenie、Evelyn、Janane、Gaurav、Jayasree、Vaishnav、Vismaya 以及我们的父母。

前言

时至今日，很多公司仍然相信精益六西格玛（LSS）仅仅适用于大型的跨国公司，写作本书就是为了反驳这种说法。我们对大量中小企业（SME）进行了研究，总结了很多经验，得出的结论表明，精益六西格玛对中小企业同样有效。但显然，要想成功地在中小企业部署实施精益六西格玛，会遇到大量的挑战和困难，而本书列举了一些在中小企业导入和成功部署精益六西格玛时可以避免的常见错误。不同于大型企业会根据所要执行的战略项目而对精益六西格玛黑带培训进行大量投资，我们建议中小企业的高管以发展大量的精益六西格玛黄带和绿带为开端，并根据需要从中挑选有天赋的候选人成为黑带。

千万别把精益六西格玛团队看成是"消防队"，他们的作用应当是预防"火灾"的发生。我们建议中小企业搭建精益六西格玛的基础架构，包含黄带、绿带、精益六西格玛推广者，甚至还有发起人（高管）。期望绿带找到企业内最关键的问题，并尝试提出大量可以解决这些关键问题的项目。在本书中，作者将带您通过系统地应用六西格玛方法论来解决问题，书中单独设立了一章来讨论那些在方法论每一个阶段中最合适的工具和技巧。我们想要强调的事实是，需要大量的努力去学习和实践才能把精益六西格玛运用到中小企业的环境中。在本书中，我们已经竭尽全力减少涉及数学和统计方面的具体内容。然而，没有任何的数据统计分析是不可能清楚地介绍精益六西格玛的。我们鼓励公司购买使用 Minitab 软件，对于精益六西格玛项目来说，这是一个强大的统计软件，可以用来帮助企业做出决策。

本书主要针对那些正在准备成为精益六西格玛推广者、黄带和绿带的中高级管理人员和车间现场人员编写。推广者需要关注精益六西格玛路线图，以及高级管理团队的期待和要求，以便可以定期沟通项目的进度。

在中小企业中，非常重要的是运用精益六西格玛工具，实现全员参与过程改进项目。这将帮助他们提升在实践中解决问题的能力，并且建立赋权意识。精益六西格玛不是快速解决方案或时尚的管理手段，而是一项行之有效的业务战略部署，帮助产生利润，使业务流程更为高效，甚至达到世界水平。

一般情况下，中小企业无法承担大规模的培训投资。而这也通常被认为是许多中小企业难以主动运用六西格玛或精益六西格玛的一个主要障碍。本书为这类中小企业提供实现和部署精益六西格玛的路线图,并用5个优秀案例来展示精益六西格玛工具是如何被应用在精益六西格玛方法论中,这将鼓励大量中小企业踏上精益六西格玛的旅程,而不是过多地依赖咨询公司,因为咨询公司往往难以使大量人员拥有业务所需的技能和专业知识。本书介绍了以下内容:

1)在中小企业中导入精益六西格玛所需的准备要素。
2)在中小企业中部署精益六西格玛的路线图。
3)最适合中小企业环境的精益六西格玛的基本和先进的工具。
4)精益和六西格玛的评估指标。
5)几家中小企业运用精益六西格玛的案例研究。
6)精益和六西格玛的本质。
7)精益六西格玛的项目选择。
8)六西格玛的解决问题方法论。

我们坚信,精益六西格玛在中小企业中的运用将会在未来许多年里持续增长,而本书的出版非常及时,它对于精益六西格玛的运用和实施是非常有用的指南。我们鼓励高级管理人员用本书来培训精益六西格玛黄带和绿带,或者通过自学来掌握这些六西格玛方法论和工具。

本书共分9章:

第1章是中小企业概述,涵盖了中小企业的特点、中小企业对世界经济的贡献以及中小企业和大企业的一些本质区别。

第2章给了读者一个关于在中小企业中持续改善(CI)的总体介绍。这里强调了成功实施持续改善所需要的关键成功因素,以及领导力和可持续性在持续改善中的作用。

第3章对精益六西格玛进行了全面介绍,涵盖了大量的内容,如精益管理方法论、对六西格玛一些常见的误解、精益六西格玛的优点和缺点、精益六西格玛的背景和在实施精益六西格玛过程中可能遇到的一些挑战。

第4章提供了中小企业推行精益六西格玛的路线图,详细介绍了成功导入精益六西格玛的准备要素和精益六西格玛的实施基础。

第5章致力于介绍精益与六西格玛各自的特点和精益六西格玛的评估指标。

第6章解释了六西格玛方法论的五个阶段和每个阶段中所展开的关键活动。

第7章介绍了精益六西格玛中适用于中小企业基本和先进的精益六西格玛工具,并提出了有效的指导方针来帮助中小企业确定在何处、何时、为何以及如何应用这些工具,提供了一系列技巧,并以示例加以说明。

第8章专注于项目的选择和优先顺序以展示如何选择和进行项目排序。作者也给出了一些有助于成功选择项目的提示。

第 9 章是精益六西格玛案例分析，涵盖了精益和六西格玛的案例。每个案例都经过精挑细选，完美体现了精益六西格玛方法论和在其每个阶段所使用的相关工具的作用。

最后，我们要感谢所有在精益六西格玛旅程中使用本书的读者，我们希望好运与您的努力同在！

致谢

作为本书作者,我们在准备过程中得到了许多人的建议和帮助。写作本书的动机来自于第一作者吉朱·安东尼,基于他于 2005 年在 *International Journal of Quality and Reliability Management*(《质量和可靠性管理国际期刊》)上发表的文章 "Six Sigma in Small and Medium Sized Enterprise",以及于 2008 年在 *Journal of the Operational Research Society*(《运营研究学会期刊》)上发表的文章 "Gearing Six Sigma into UK Manufacturing SMEs: Results from a Pilot Study"。

本书的编写得到了许多人的帮助,很抱歉,我们没有一份完整的记录清单。可能其中有人会被遗漏,希望那些没有被特别提及的人能够谅解我们。感谢多位从事精益和六西格玛课题的学者、研究人员和从业人员,他们的著作促进了精益六西格玛的实践和方法的发展。我们同样非常感谢审稿人对本书提供的宝贵意见,这指导并帮助我们对本书内容进行了改进。

我们真诚地希望通过阅读本书,您会发现一些新的东西,并能促使您以一种新的方式来挑战自己的想法。而您对于本书的框架结构和具体内容的任何建议和建设性的反馈,我们都会仔细考虑,并尽全力在本书以后的版本中加以修正。

借此机会,我们感谢 CRC 出版社(泰勒-弗朗西斯集团)帮助我们把本书推向市场。对于所有帮助过我们的人和 CRC 出版社,我们表示由衷的感谢。最后,还要感谢我们的家人和研究小组的成员在我们写作本书时所给予的精神上的支持。

作 者 简 介

吉朱·安东尼被公认是实践和主张卓越运营的六西格玛领导者，他于2004年成立了六西格玛和流程最优研究中心（CRISSPE），这是建立在欧洲的第一个六西格玛领域的研究中心。安东尼教授获得了喀拉拉邦大学（印度）的机械工程学士学位以及爱尔兰国立大学的工业工程硕士学位，并在英国朴次茅斯大学获得了质量工程博士学位。他是英国皇家统计学会会员、运营管理研究所研究员、英国特许质量协会（CQI）会员和英国六西格玛专家协会会员。他是注册六西格玛黑带大师，并已参与100多个制造业、服务业和公共部门组织的精益和六西格玛相关的项目。他在质量管理研究领域和精益六西格玛方面拥有国际领先的实践经验。他撰写了超过275篇期刊和会议论文以及6本教科书；发表了90余篇关于六西格玛主题的文章，被认为是世界上发表六西格玛出版物数量最多的作者之一。他为欧盟委员会以及英国地方政府的各种研究项目带来超过1000万英镑的投资收益；在过去10年里，安东尼教授已经为超过1000人进行了精益和六西格玛的培训，其中包括在英国本土和其他国家的150家企业、21个国家的代表。他目前正在指导英国公共机构，包括NHS[⊖]、市参议会、苏格兰警察和政法部门的20多个精益六西格玛项目。他曾经是 *International Journal of Six Sigma and Competitive Advantage*（《六西格玛及竞争优势国际期刊》）的编辑，从2010年开始担任 *International Journal of Lean Six Sigma*（《精益六西格玛国际期刊》）的编辑，从2015年9月开始担任 *TQM and Business Excellence Journal*（《全面质量管理和商务卓越运营期刊》）的副主编。2004年，他在英国举办了第一届六西格玛国际会议和第一届高等教育精益六西格玛国际会议。他一直担任世界各地各种六西格玛会议的主题演讲人。自2009年以来，他一直是美国亚利桑那州菲尼克斯"美国质量协会年度精益六西格玛大会"的固定演讲者。

吉朱·安东尼是 *Quality and Reliability Engineering International*（《质量和可靠性工程国际期刊》）、*International Journal of Quality and Reliability Management*（《质量和可靠性管理国际期刊》）、*TQM Journal*（《全面质量管理期刊》）、*International Journal of Productivity and Performance Management*（《生

[⊖] NHS（National Health Service）：英国国家医疗服务体系，这个体系一直承担着保障英国全民公费医疗保健的重任。——译者注

产力和绩效管理国际期刊》)、Measuring Business Excellence and Managing Service Quality(《企业卓越衡量和服务质量管理期刊》)等8个国际期刊编辑委员会的成员，长期担任International Journal of Operations and Production Management(《运营和生产管理国际期刊》)、International Journal of Production Research(《生产研究国际期刊》)、Journal of Operational Research Society(《运营研究学会期刊》)、IIE Transactions(《IIE交易期刊》)、European Journal of Operational Research and Production(《运营研究和生产欧洲期刊》)、Planning and Control(《计划和管理期刊》)等的审稿人。安东尼教授曾为许多著名公司，如劳斯莱斯、博世、派克笔、西门子、福特、苏格兰电力、塔塔、泰雷兹、诺基亚、飞利浦、通用电气、日产、帝亚吉欧，以及一批中小企业提供咨询服务。

S. 维诺德，博士，就职于印度蒂鲁吉拉帕利国家技术学院，是生产工程系助理教授。维诺德博士在印度巴拉蒂尔大学获得了机械工程学士学位，并在印度安那大学获得了生产工程硕士和机械工程博士学位。2006年—2008年，获得了由全印技术教育委员会授予的全国博士生奖学金。在2009年和2011年分别被授予了由英国的Emerald出版集团颁发的最优论文奖和杰出论文奖。他还获得了印度国家工程院2010创新学生项目奖。他已在不同的国际期刊/会议上发表了100余篇论文。他是International Journal of Lean Six Sigma(《精益六西格玛国际期刊》)和Journal of Engineering(《工程期刊》)编辑咨询委员会的成员。他的研究方向包括敏捷制造、精益制造、可持续制造、精益六西格玛、3D制造、产品开发和多准则决策。

E.V. 吉乔，博士，任职于印度统计研究所统计质量控制与运营研究部20余年。吉乔博士在M.G.大学（喀拉拉邦）获得统计学硕士学位，后又在M.G.大学获得统计学博士学位。他是六西格玛黑带大师和ISO9001和ISO14001体系认证审核员。他有为多个行业提供培训和咨询服务的丰富经验，包括汽车、化工、风能、电力、医药、软件、信息技术/信息技术服务、业务流程外包、医疗保健、保险和建筑等行业。他为印度及其他地区训练了800位黑带和2000位绿带。他还指导了大约1200个质量改进项目，包括六西格玛、田口设计和其他相关领域。他撰写了大约45篇期刊和会议论文，其中15篇关于六西格玛的文章发表在国际领先的期刊上。他目前指导培训，并为印度各行业提供顾问服务。

吉乔博士是International Journal of Lean Six Sigma期刊的编辑委员会成员，他长期担任TQM Journal(《全面质量管理期刊》)、International Journal of Quality & Reliability Management(《质量和可靠性管理国际期刊》)、International Journal of Advanced Manufacturing Technology(《先进制造技术国际期刊》)、International Journal of Computer Integrated Manufacturing(《计算机集成制造国际期刊》)、International Journal of Production Research(《生产研究国际期刊》)、

Quality and Reliability Engineering International（《质量和可靠性工程国际期刊》）、*Journal of the Operational Research Society*（《运营研究学会期刊》）、*Journal of Manufacturing Technology Management*（《制造技术管理期刊》）、*International Journal of Six Sigma and Competitive Advantage*（《六西格玛和竞争优势国际期刊》）等期刊的审稿人。

目录

前言

致谢

作者简介

第1章 中小企业概述·················1
1.1 简介·················1
1.2 中小企业的定义·················1
1.3 中小企业对世界经济的贡献·················3
1.4 中小企业的特点·················4
 1.4.1 低成本启动·················4
 1.4.2 轻便型·················4
 1.4.3 领导力·················4
 1.4.4 管理结构·················5
 1.4.5 计划·················5
 1.4.6 系统和流程·················5
 1.4.7 人力资源·················5
 1.4.8 市场和客户关注·················5
 1.4.9 运营改善·················5
 1.4.10 创新·················6
 1.4.11 网络·················6
 1.4.12 营业收入和盈利能力·················6
 1.4.13 所有权和税收·················6
 1.4.14 位置·················6
1.5 中小企业与大企业的比较·················7
 1.5.1 创新·················7
 1.5.2 对待风险的态度·················7
 1.5.3 决策·················7
 1.5.4 资源分配·················7
 1.5.5 商业模式的理解和管理·················8
1.6 总结·················8
参考文献·················8

第2章 中小企业的持续改善活动·················12
2.1 什么是持续改善·················12
2.2 中小企业的持续改善实践·················13
2.3 在中小企业实施持续改善的关键成功因素·················15
2.4 持续改善的领导力·················15
2.5 持续改善活动的可持续性·················16
2.6 总结·················17
参考文献·················17

第3章 精益六西格玛·················19
3.1 什么是精益生产系统·················19
3.2 精益生产系统的关键原则·················20
3.3 精益生产系统的好处·················21
3.4 什么是六西格玛·················22
3.5 六西格玛的一些常见"神话"·················23
 3.5.1 六西格玛是另一种管理时尚·················23
 3.5.2 六西格玛就是统计·················23
 3.5.3 六西格玛只适用于制造业·················24
 3.5.4 六西格玛只对大型组织有效·················24
 3.5.5 六西格玛与全面质量管理相同·················25
3.6 六西格玛方法论概述·················25
3.7 六西格玛的好处·················26
3.8 精益六西格玛的优缺点·················26
 3.8.1 精益的优点·················26
 3.8.2 精益的缺点·················27
 3.8.3 六西格玛的优点·················27
 3.8.4 六西格玛的缺点·················27
3.9 为什么要实施精益六西格玛·················28
3.10 实施精益六西格玛的益处·················29
3.11 实施精益六西格玛的挑战·················30

XI

| 3.12 总结 | 31 |
| 参考文献 | 31 |

第4章 中小企业推行精益六西格玛的路线图 ……………… 33

- 4.1 中小企业成功导入精益六西格玛的准备要素 …………… 33
  - 4.1.1 准备要素1：高层管理者的支持和参与 …………… 33
  - 4.1.2 准备要素2：富有远见的领导力和文化灌输 ……… 34
  - 4.1.3 准备要素3：关注客户 …… 34
  - 4.1.4 准备要素4：选择合适的人 … 34
  - 4.1.5 准备要素5：精益六西格玛与组织的业务战略衔接 …… 35
  - 4.1.6 准备要素6：开发有效架构的能力 … 35
  - 4.1.7 准备要素7：适当地选择和使用精益六西格玛指标 …… 36
  - 4.1.8 准备要素8：教育和培训 …… 36
- 4.2 精益六西格玛的实施基础 …… 37
- 4.3 实施精益六西格玛的路线图 … 38
  - 4.3.1 构思 …………………… 38
  - 4.3.2 倡导 …………………… 39
  - 4.3.3 执行 …………………… 40
  - 4.3.4 保持 …………………… 40
- 4.4 管理启示 ……………………… 41
- 4.5 总结 …………………………… 41
- 参考文献 ………………………… 42

第5章 精益和六西格玛的评估指标 ……………………… 43

- 5.1 概述 …………………………… 43
- 5.2 精益常用指标 ………………… 43
  - 5.2.1 价值 …………………… 43
  - 5.2.2 客户价值 ……………… 44
  - 5.2.3 创造价值 ……………… 44
  - 5.2.4 流动 …………………… 44
  - 5.2.5 价值流 ………………… 44
  - 5.2.6 价值流动 ……………… 45
  - 5.2.7 浪费 …………………… 45
  - 5.2.8 增值活动 ……………… 47
  - 5.2.9 非增值活动 …………… 47
  - 5.2.10 一次质量合格率 ……… 48
  - 5.2.11 一次质量合格率的计算 … 48
  - 5.2.12 周期时间 ……………… 48
  - 5.2.13 节拍时间 ……………… 48
  - 5.2.14 交货时间 ……………… 48
  - 5.2.15 换模时间 ……………… 49
  - 5.2.16 工作案例 ……………… 49
- 5.3 六西格玛常用指标 …………… 50
  - 5.3.1 百万机会缺陷数 ……… 50
  - 5.3.2 西格玛质量水平 ……… 51
  - 5.3.3 直通率 ………………… 52
  - 5.3.4 质量成本 ……………… 52
  - 5.3.5 过程能力指数 ………… 53
- 5.4 精益六西格玛指标 …………… 55
- 5.5 设备综合效率 ………………… 56
  - 5.5.1 为什么需要设备综合效率 … 56
  - 5.5.2 可用性 ………………… 56
  - 5.5.3 绩效表现（利用率或速度）… 57
  - 5.5.4 产出比（质量）………… 57
  - 5.5.5 六大损失 ……………… 57
  - 5.5.6 计算设备综合效率 …… 58
- 5.6 总结 …………………………… 59
- 参考文献 ………………………… 60

第6章 六西格玛方法论 ……… 61

- 6.1 概述 …………………………… 61
- 6.2 定义阶段 ……………………… 61
- 6.3 测量阶段 ……………………… 62
- 6.4 分析阶段 ……………………… 63
- 6.5 改进阶段 ……………………… 64
- 6.6 控制阶段 ……………………… 65

6.7 总结 ………………………………… 66
参考文献 ………………………………… 66

第7章 适用于中小企业基本和先进的精益六西格玛工具 …… 67

7.1 SIPOC ………………………………… 67
    7.1.1 什么是 SIPOC ………………… 67
    7.1.2 如何构建一个 SIPOC 图 ……… 67
    7.1.3 何时使用 SIPOC 图 …………… 67
    7.1.4 如何创建 SIPOC 图 …………… 68
    7.1.5 示例 ……………………………… 68
7.2 价值流程图 ………………………… 69
    7.2.1 什么是价值流程图 …………… 69
    7.2.2 为什么使用价值流程图 ……… 69
    7.2.3 何时使用价值流程图 ………… 70
    7.2.4 如何创建价值流程图 ………… 70
    7.2.5 示例 ……………………………… 70
7.3 5S 实践 ……………………………… 73
    7.3.1 什么是 5S ……………………… 73
    7.3.2 为什么应用 5S ………………… 73
    7.3.3 5S 包含什么内容 ……………… 73
    7.3.4 示例 ……………………………… 74
7.4 快速换模 …………………………… 75
    7.4.1 什么是快速换模 ……………… 75
    7.4.2 何时使用快速换模 …………… 75
    7.4.3 如何创建快速换模 …………… 75
    7.4.4 示例 ……………………………… 76
7.5 目视化管理 ………………………… 77
    7.5.1 什么是目视化管理 …………… 77
    7.5.2 何时使用目视化管理 ………… 78
    7.5.3 如何执行目视化管理 ………… 78
    7.5.4 示例 ……………………………… 78
7.6 标准化操作流程 …………………… 79
    7.6.1 什么是标准化操作流程 ……… 79
    7.6.2 何时使用标准化操作流程 …… 80
    7.6.3 如何创建一个标准化操作流程 …… 80

    7.6.4 示例 ……………………………… 80
7.7 因果分析 …………………………… 81
    7.7.1 什么是因果分析 ……………… 81
    7.7.2 何时使用因果分析 …………… 82
    7.7.3 如何创建因果分析 …………… 82
    7.7.4 示例 ……………………………… 83
7.8 帕累托分析 ………………………… 83
    7.8.1 什么是帕累托分析 …………… 83
    7.8.2 何时使用帕累托分析 ………… 83
    7.8.3 如何创建帕累托分析 ………… 84
    7.8.4 示例 ……………………………… 84
7.9 直方图 ……………………………… 85
    7.9.1 什么是直方图 ………………… 85
    7.9.2 何时使用直方图 ……………… 85
    7.9.3 如何创建直方图 ……………… 85
    7.9.4 示例 ……………………………… 85
7.10 散点图和相关分析 ……………… 86
    7.10.1 什么是散点图和相关分析 … 86
    7.10.2 何时使用散点图和相关分析 … 87
    7.10.3 如何创建散点图和相关分析 … 87
    7.10.4 示例 …………………………… 87
7.11 控制图 ……………………………… 88
    7.11.1 什么是控制图 ………………… 88
    7.11.2 何时使用控制图 ……………… 89
    7.11.3 如何创建控制图 ……………… 89
    7.11.4 示例 …………………………… 90
7.12 运行图 ……………………………… 91
    7.12.1 什么是运行图 ………………… 91
    7.12.2 何时使用运行图 ……………… 92
    7.12.3 如何创建运行图 ……………… 92
    7.12.4 示例 …………………………… 92
7.13 失效模式和影响分析 …………… 93
    7.13.1 什么是失效模式和影响分析 … 93
    7.13.2 何时进行失效模式和影响分析 … 93
    7.13.3 如何编制失效模式和影响分析

XIII

　　　　工作表 ································· 93
　7.13.4　示例 ··································· 94
7.14　客户之声分析 ······························· 95
　7.14.1　什么是客户之声 ··················· 95
　7.14.2　何时进行客户之声分析 ······· 95
　7.14.3　如何开展客户之声分析 ······· 96
　7.14.4　示例 ··································· 96
7.15　CTQ 和 CTQ 树 ····························· 97
　7.15.1　CTQ 是什么 ························ 97
　7.15.2　为什么需要 CTQ ················· 97
　7.15.3　如何绘制 CTQ 树 ················ 97
　7.15.4　示例 ··································· 97
7.16　项目章程 ····································· 98
　7.16.1　什么是项目章程 ··················· 98
　7.16.2　为什么需要项目章程 ··········· 98
　7.16.3　如何编写项目章程 ··············· 99
　7.16.4　示例 ··································· 99
7.17　假设检验 ··································· 100
　7.17.1　什么是假设检验 ················· 100
　7.17.2　何时使用假设检验 ············· 100
　7.17.3　如何进行假设检验 ············· 100
　7.17.4　示例 ································· 101
7.18　回归分析 ··································· 101
　7.18.1　什么是回归分析 ················· 101
　7.18.2　何时使用回归分析 ············· 102
　7.18.3　如何做简单的线性回归分析 ··· 102
　7.18.4　示例 ································· 102
7.19　看板系统 ··································· 103
　7.19.1　什么是看板系统 ················· 103
　7.19.2　何时使用看板系统 ············· 103
　7.19.3　如何创建看板 ····················· 103
　7.19.4　示例 ································· 104
7.20　防错 ··· 105
　7.20.1　什么是防错 ························· 105
　7.20.2　何时使用防错 ····················· 105
　7.20.3　如何使用防错 ····················· 105
　7.20.4　示例 ································· 106
7.21　根本原因分析或 5 个为什么
　　　分析 ······································· 106
　7.21.1　什么是根本原因分析 ········· 106
　7.21.2　何时使用根本原因分析 ····· 106
　7.21.3　如何实施根本原因分析 ····· 106
　7.21.4　示例 ································· 107
7.22　试验设计 ··································· 107
　7.22.1　什么是试验设计 ················· 107
　7.22.2　何时做试验设计 ················· 108
　7.22.3　如何开展试验设计 ············· 108
　7.22.4　示例 ································· 108
7.23　流程图 ······································· 111
　7.23.1　什么是流程图 ····················· 111
　7.23.2　何时使用流程图 ················· 111
　7.23.3　如何建立流程图 ················· 111
　7.23.4　示例 ································· 112
7.24　测量系统分析 ···························· 112
　7.24.1　什么是测量系统分析 ········· 112
　7.24.2　何时使用测量系统分析 ····· 113
　7.24.3　如何创建测量系统分析 ····· 113
　7.24.4　示例 ································· 113
7.25　可选方案矩阵图 ························ 114
　7.25.1　什么是可选方案矩阵图 ····· 114
　7.25.2　何时使用可选方案矩阵图 ··· 115
　7.25.3　如何使用可选方案矩阵图 ··· 115
　7.25.4　示例 ································· 115
7.26　总结 ··· 117
参考文献 ··· 117

第 8 章　精益六西格玛的项目
选择 ·· 120
8.1　什么是精益六西格玛项目 ··········· 120
8.2　项目的选择和优先顺序 ·············· 120
8.3　项目评审管理 ····························· 123

8.4 使精益六西格玛项目成功实施的一些提示……124
8.5 总结……125
参考文献……125

第9章 精益六西格玛工业案例研究……126

9.1 案例1：在小规模铸造企业应用六西格玛方法……126
  9.1.1 公司背景……126
  9.1.2 问题背景……126
  9.1.3 六西格玛方法论（DMAIC）……126
  9.1.4 管理启示……134
  9.1.5 从该案例中学到的关键点……134
  9.1.6 回顾所使用的工具……135
  9.1.7 总结……135

9.2 案例2：六西格玛方法在风力发电机组专用运输道路建设中的应用……135
  9.2.1 公司背景……135
  9.2.2 问题背景……136
  9.2.3 六西格玛方法论（DMAIC）……136
  9.2.4 管理启示……144
  9.2.5 从该案例中学到的关键点……144
  9.2.6 简述所使用到的工具……144
  9.2.7 总结……145

9.3 案例3：六西格玛方法论在汽车零件供应商降低废品率和返工率中的应用……145

  9.3.1 公司背景……145
  9.3.2 问题背景……145
  9.3.3 六西格玛方法论（DMAIC）……146
  9.3.4 对管理的影响……155
  9.3.5 本案例研究所获得的经验教训……156
  9.3.6 本案例研究中使用的工具……156
  9.3.7 总结……156

9.4 案例4：价值流程图在一个凸轮轴制造企业中的应用……157
  9.4.1 公司背景……157
  9.4.2 问题背景……157
  9.4.3 价值流程图方法论……157
  9.4.4 瓶颈分析……160
  9.4.5 描述当前状态图……160
  9.4.6 改进和未来状态图……161
  9.4.7 当前状态图和未来状态图的比较……162
  9.4.8 对管理的影响……164
  9.4.9 总结……164

9.5 案例5：在铝压铸过程中应用精益六西格玛方法论……164
  9.5.1 公司背景……164
  9.5.2 问题背景……165
  9.5.3 精益六西格玛方法论（DMAIC）……165
  9.5.4 项目的典型收益……171
  9.5.5 挑战、心得体会和管理启示……172
  9.5.6 回顾使用的工具……173
  9.5.7 总结……173

参考文献……174

第 1 章

中小企业概述

1.1 简介

中小企业（SME）对全球经济的贡献日益显著，不仅是发展中国家的经济支柱，通常还是其经济快速增长的关键部分。中小企业的其他关键作用还包括促进创业和创新，从而保证竞争力。从这一点来说，中小企业助力了许多大公司，并对世界经济做出重大贡献。本章将介绍中小企业的定义和经济份额，分析其特点以及它们与大型企业的区别。

1.2 中小企业的定义

任何组织在制订计划和策略时，最重要的都是了解业务的性质和类型。全球各企业的分类主要基于它们的体量，例如固定资产、产值、资金和员工数量。从大的分类来讲，大公司被划归为一种类型，而所有其他企业都被划归为另一种类型。虽然按照全球绝大多数国家的法律，所有第二类企业都能享受与大公司相同的社会地位，然而它们在经济水平上依然存在巨大的区别。基于要为这类组织制订更好的发展计划，它们被进一步划归为中小企业。根据近年持续对企业的性质与作用所做的研究，企业的分类被进一步细化到微型企业、小微企业（MSME）和中小企业。

各地区按照工厂规模、容量、劳动力规模、投资和回报等不同指标划分中小企业，以决定这些企业能否享受到某种设施和服务。在以往的研究中，我们发现这些对中小企业的定义标准恰如其分。

基于欧盟企业的分类（Classen et al., 2014），中小企业的定义根据其员工数量和营业额（欧元）等指标来确定。例如，员工数少于 10 人，营业额少于 200 万欧元被定义为微型企业；员工数 10~49 人，营业额 1000 万~4900 万欧元，被定义为小型企业；员工数 50~250 人，营业额大于 5000 万欧元则被定义为中型企业。这些都是欧洲各个经济体对于中小企业的定义标准。

Alarape（2007）将尼日利亚中小企业定义为：员工数为 11~100 人或者总成本大于 5000 万尼日利亚奈拉的企业，总成本包括运营资金，但不包括土地成本。Shehab（2008）将利比亚的中小企业定义为：员工数为 50~250 人，营业额介于 200 万~1200 万利比亚第纳尔（LYD），并且在资产负债表上要有 100 万~800 万利比亚第纳尔（LYD）的营业收入。Du Toit et al.（2009）将南非的中小企业定义为满足以下一个或多个条件的企业：员工数少于 200 人，年营业额低于 6400 万兰特（ZAR），固定资产低于 1000 万兰特（ZAR），并由投资方直接参与管理。

马来西亚对于中小企业的定义不止一个，而是基于几个因素。Husin et al.（2014）基于《中小企业绩效报告》中的企业营业额和《2013 年—2014 年中小企业年度绩效报告》中的全职员工数量对中小企业进行了分类。微型企业是指那些在制造业中员工少于 5 人，对国家的经济贡献小于 25 万林吉特，以及服务业中员工少于 5 人，对国家的经济贡献小于 20 万林吉特的企业。类似的，小型企业是指，在制造业员工数为 5~50 人，对国家的经济贡献为 25 万~1000 万林吉特；在服务业员工数为 5~19 人，对国家的经济贡献为 20 万~100 万林吉特。中型企业是指，在制造业员工数为 51~150 人，对国家的经济贡献为 1000 万~2500 万林吉特；在服务业员工数为 20~50 人，对国家的经济贡献为 100 万~500 万林吉特。

Olusegun（2012）将中小企业定义为以某种形式参与业务的企业。笔者认为，中小企业的定义会因国家、行业、劳动力资源和资产价值的不同而有所差异。

在英国，中小企业的数量估计为 490 万家左右。而在英国，企业若被称为中小企业，是指营业额小于 2500 万英镑，员工不足 250 人（Maurya et al.，2015）。在英国私营企业中约 99.3% 是中小企业，它们的年营业额达到 1.6 万亿英镑，占所有私营企业年营业额的 47%。为了支持中小企业，约有 25% 的英国政府资金直接投资于中小企业。

Grover et al.（2014）定义在美国的中小企业是指少于 500 名雇员的公司。中小企业被认为是美国经济的支柱。在美国，大约有 2800 万家中小企业，并贡献了全美 34% 的出口额。在美国，约有 99% 的私营企业是中小企业，它们雇用超过 50% 的私营企业员工（Parnell et al. 人，2015）。它们为私营企业提供了约 65% 的新岗位。在美国，每个月新增大约 543000 家公司。只有 25% 的中小企业在美国生存了超过 15 年，近 70% 的中小企业无法生存超过 2 年（Williams，2014）。

在加拿大，大约有 120 万家中小企业，它们提供了私营企业 54% 的就业岗位。在加拿大，中小企业的经济产出约占所有企业的 54.3%（Sui et al.，2014）。约 98.1% 的加拿大中小企业雇用不到 100 名员工，约 55% 的中小企业雇用不到

4名员工。

在澳大利亚，对于中小企业的定义是：年营业收入不到2000万澳元的任何企业或公司（Chong，2014）。在澳大利亚有超过120万家中小企业，占企业总数的96%并贡献了近33%的国内生产总值（GDP）。大约63%就职于澳大利亚私营企业的员工都来自中小企业。中小企业的年营业额对于澳大利亚联邦收入的贡献达到9%。

在南非，只有员工数不到200名的公司才被称为中小企业，它们代表了91%的企业，并雇用了60%的劳动力，其经济总量的GDP占比近34%。

1.3 中小企业对世界经济的贡献

中小企业占全球企业总数的90%，并且提供了50%~60%的就业岗位（Jenkins，2004；Sannajust，2014）。在波兰，中小企业是社会经济发展的主要贡献者，99.8%是中小企业，雇用了超过600万人，其经济总量占GDP的50%（Walczak et al.，2013）。在荷兰，有70.7%的企业是小型企业（雇用10~49人），29.3%的企业是中型企业（雇用50~250人）（Kraus et al.，2012）。

2014年年初，520万家小型企业占全英私营企业总数的48%。所有小型企业的累计营业额达1.2万亿英镑，占私营企业营业额的33%。2014年年初，全英已有31000家中型企业，这些企业贡献了4800亿英镑的年营业额，从业人员310万人。

在欧盟，中小企业在经济上是非常重要的。约2300万家企业的99%被定义为中小企业。欧洲的中小企业创造了6500万个就业岗位。在所有的小企业中，96.8%的企业的员工少于10名，而只有75000家企业雇用了超过250名员工（Wach，2014）。当前欧洲私营企业，大约有2/3的工作岗位来自中小企业，并创造了59%的产值。

中小企业代表了美国经济的支柱。它们占美国企业总数的99%。50%的员工受雇于中小企业。中小企业在私营企业中创造了65%的新岗位。它们贡献了超过一半的美国非农业生产总值。中小企业贡献了34%的美国出口收入（Gover et al.，2014）。

在过去的12年中，墨西哥政府强力扶植中小企业，加强在创业政策和预算方面的支持。这一举措使得墨西哥中小企业和创业企业的商业环境有了明显改善，数量也有所增长。在墨西哥，中小企业占比为99.8%，并提供了全国72.3%的就业机会。其中，微型企业（不到10人）占所有企业的96.1%（OECD，2013）。巴西中小企业贡献国内生产总值的20%，不仅创造了47000个新工作岗位，还提供了52%的工作岗位（Cravo et al.，2012）。

印度尼西亚的中小企业占所有非农企业的90%，提供的就业机会也最多（Tambunan，2007）。俄罗斯中小企业是促进其社会经济繁荣、增长就业和技术创新的关键力量。俄罗斯每1000人拥有6家中小企业，欧盟每1000人拥有45家，日本每1000人拥有49.6家，美国每1000人拥有74.2家（Zhuplev，2009）。

印度有中小企业近3600万家，贡献全国几乎50%的工业产值和45%的出口总额（Nayak et al.，2014），并有机会进一步促进整个印度工业的增长。印度政府制定了《微型、小型和中小企业发展法案》以解决影响中小企业财务表现的政策问题，从而帮助其提高竞争力。

1.4　中小企业的特点

中小企业自身的规模和结构，包括员工人数、资产和财务周转率都低于某一标准。中小企业是经济增长的关键驱动因素，是在高效和充满竞争力的市场上促进就业的重要部分（Beck et al.，2006）。中小企业和大企业的区别主要源自业务模式和管理。中小企业可能有一个扁平的管理结构和集成的业务功能，而大型企业则是矩阵组织结构，专注于特定市场和业务的事业部管理模式。二者的所有权模式也不同（Hoffmann et al.，2001）。为了生存，中小企业必须以与自身所服务行业所处的阶段相适应的方式来发展企业和技术（Hallberg，2000）。

1.4.1　低成本启动

小规模企业的启动成本通常较低，这与具体的业务模式和产品类型或提供的服务形式有关（Blair et al.，2015）。与之形成鲜明对比的是，大型企业在启动阶段需要巨大的投资。

1.4.2　轻便型

一个小规模的企业通常是轻便型的，相对较容易创立，也容易倒闭（Simatele，2014）。小规模的企业也需要一个途径来接受付款，如小型信用卡终端。

1.4.3　领导力

一个中小企业的成功往往依赖于所有者的领导技能，其特征是所有权、管理、责任和风险的统一（Aslan et al.，2011）。中小企业所有权归企业主/领导，日常活动管理由企业主/领导决策，而大型企业的领导则是互相制衡、分散和制度化的。

1.4.4 管理结构

小企业的管理主要通过所有者的直接监督或经理监管来实现。相对而言，大公司则更多采用委托或下放责任给员工的做法。了解小企业管理的重要方面是要感知所有者和决策者、管理方式、组织架构、文化以及业务发展模式的关系（Walczak，2005）。中小企业组织结构扁平化，即管理层级少、部门接口少，这种灵活的工作方式有利于快速沟通、制定决策和实施决策。

1.4.5 计划

在不确定的动态环境中，中小企业的创新、灵活性和响应性对其生存来说至关重要（Wang et al.，2007）。研究表明，中小企业要想生存和发展离不开战略的制定和执行。就这一点，与大公司无异。

1.4.6 系统和流程

中小企业的制度范围涵盖了几乎不存在制度到少量制度到基本等同于大企业的成熟系统和流程（Terziovski，2010）。中小企业流程相对于大企业更灵活，且鼓励创新，使其能快速响应客户的要求。

1.4.7 人力资源

通常情况下，中小企业只有数量很少的员工，通常是靠雇用自己来保留利润。在繁忙时段，企业可能会临时雇用一两名员工（Thomas et al.，2003）。相对于那些规模较大的同行企业来说，中小企业的运营环境更容易在实践中教育和培训员工。但是由于中小企业面临的财务限制，它不能像大企业那样调动大规模资源进行教育和培训（Nolan et al.，2015）。相比于大型企业有计划的大规模的培训，中小企业的员工培训和发展则多为小规模和专案型。

1.4.8 市场和客户关注

相较于大型企业和一般的私企，中小企业专注于更小的领域，通常是专一领域（Keskin，2006）。中小企业的产品和客户更贴近，可以让客户和企业之间的信息流加快，企业拥有更高的责任感（Sain et al.，2014）。中小企业经常通过有限的外部联系来联络其少量的客户。相反，大企业则有更多与大量客户群体联络的外部活动。

1.4.9 运营改善

大型企业实施一流的管理实践，在全面质量管理（TQM）、精益、六西格玛和持续改善活动等方面，都有大量文献（Gunasekaran et al., 2000）可供参考。然而，现有证据表明，中小企业采取规范化管理，践行较为缓慢是由于缺乏对这些管理实践的理解、缺乏资源（人力、财力、时间等）和相关知识，以及实施短期战略规划造成的。

1.4.10 创新

创新是组织竞争优势的一个重要来源（Lee et al., 2010）。大公司的相对优势主要在于利用自身的资源和良好的外部网络，而中小企业相对较强的是创新能力。基于中小企业的行为属性，规模的影响反而不是最重要的。在中小企业，渐进式创新是指改进或修改一个产品或服务的现有功能，而激进式创新则涉及对产品或服务进行开发，并向客户提供更优质的产品和服务（Klewitz et al., 2014）。大多数中小企业集中在渐进式创新上，这是因为改善产品的必要性不大且缺乏可用的技术资源（Prajogo et al., 2014）。若想进行激进式创新，公司不仅必须提高自身的学习和知识共享能力，还必须准备适当的基础设施。此外，决定实施渐进式或激进式创新依赖于中小企业的意愿和吸收能力（Massa et al., 2008）。

1.4.11 网络

网络和同盟对于小型企业家的技能发展起着至关重要的作用并且提供了建立市场战略地位的机会以增强其竞争优势（Gilmore et al., 2006）。研究表明，当中小企业处于网络或同盟中时，能够更好地进行创新。这就是最先进的制造理念能在网络中得以实现的原因，因为中小企业同盟为其带来了类似的产品制造并且促进了包容性增长。

1.4.12 营业收入和盈利能力

小规模公司的营业收入通常低于大规模的公司（Esselaar et al., 2006）。已经建成的小规模企业经常借助其现有的设施和设备来维持比高负债率企业更低的成本。

1.4.13 所有权和税收

小规模的企业并不适合成立公司制的商业组织（Smallbon et al., 2001）。小规模的企业更倾向于成为个人独资企业、合伙企业或有限责任公司。

1.4.14 位置

中小企业趋向在有限的区域内进行小规模的业务。由于财务和订单的限制，这些企业无法在多个地区或国家建立销售网点。中小企业所在的位置对于决定直接费用和间接费用起着重要的作用。位于大城市的中小企业能以较低的成本进入国外市场和促进出口，是因为它们具有处于偏远地区的中小企业所缺乏的运输便利性（Freeman et al.，2014）。位于偏远地区的中小企业主要受当地固有环境的影响，很难提高经营业绩。

1.5 中小企业与大企业的比较

由于拥有庞大的经济规模和促销费用，大企业在全球市场中占据主导地位，而中小企业则缺乏这些。虽然中小企业没有能力与大企业在资本投资和经济规模上竞争，但是它们有着与大企业在服务和价值指标上相竞争的巨大潜力。中小企业适应性更强，能更灵活地满足客户的需求，而大多数大企业却做不到这些。回顾文献所述，以下因素被认为是用于比较大企业和中小企业的至关重要的因素：创新、对风险的态度和反应速度、决策、资源配置、对商业模式的理解和管理。

1.5.1 创新

由于客户喜好的快速变化和更新技术的出现，商业场景经历着动荡的局势。组织需要适当投资于中小企业无法承受竞争压力的那些产品和服务。由于日益激烈的竞争，大企业和中小企业都期待创新，但它们的创新文化是不同的：大企业经历高度创新，反之，中小企业期待适度创新。

1.5.2 对待风险的态度

大企业在执行商业任务时能承担更高的风险，因为它们有更雄厚的资本和更大的缓冲区来吸收不确定性。然而，中小企业必须考虑风险可能对投资和收益产生的负面影响。

1.5.3 决策

大企业的组织有着更多层级，因而往往需要长时间来做出决定，这常常令人产生挫败感，尤其是在那些需要立即做出决策的时候。因为决策过程中的任何延误都可能影响企业的发展，所以在关键情况下，只有较少层级的中小企业反而可以更快地做出决策。

1.5.4 资源分配

在中小企业中，资源较为稀缺，对资源的分配是基于对利润影响的程度，因为中小企业没有流畅的资源分配流程。在大企业里，这种情况可能不会那么明显，因为大企业会根据适当的程序进行资源的计划和分配。

1.5.5 商业模式的理解和管理

相较于中小企业，大企业会以更全面、系统的方式建立商业模式。大企业会进行定期培训，并专注于能实现企业目标的活动，而中小企业就没有这些安排，大多数中小企业都没有建立起与相关职能部门相关联的综合性商业模式。

1.6 总结

国际市场见证了全球化的结果。大企业通常将其部分业务外包给中小企业，其结果是中小企业在世界范围内受到广泛认可——为经济发展、提供就业机会和社会福利做出了极大的贡献。除了对世界经济做出贡献，中小企业在全球市场上也面临着一些挑战限制其自身的竞争力。中小企业在全球市场上所面临的挑战是研发费用低，缺乏现代信息技术系统，创新/技术体系较弱，政策约束多，缺乏营销和品牌知识，管理能力较弱，以及缺少与本地和国际主要企业的接触等（Khalique et al., 2011; Rowley et al., 2014）。

为中小企业提供改善研发基础和提高管理层关注人才的资本投入可以克服这些挑战。中小企业必须学会改进自己的营销渠道，更多进行产品创新，以维持在全球市场上的地位。本章回顾了中小企业的定义，中小企业对全球经济的贡献和中小企业相对于大企业的特点。大企业和中小企业之间的重要差异，需要根据中小企业的特点和二者的区别来进行分析。这种区分对商业模式和理论而言非常必要，因为为大型企业开发的业务模式和理论不能直接应用于中小企业。中小企业运营业务和促进持续改善的框架与大企业迥然不同。

参考文献

Alarape, A. A. (2007). Entrepreneurship programs, operational efficiency and growth of small businesses. *Journal of Enterprising Communities: People and Places in the Global Economy* 1(3): 222–239.

Aslan, Ş., Diken, A. and Şendoğdu, A. A. (2011). Investigation of the effects of strategic leadership on strategic change and innovativeness of SMEs in a perceived environmental uncertainty. *Procedia: Social and Behavioral Sciences* 24: 627–642.

Beck, T. and Demirguc-Kunt, A. (2006). Small and medium-size enterprises: Access to finance as a growth constraint. *Journal of Banking & Finance* 30(11): 2931–2943.

Blair, E. S. and Marcum, T. M. (2015). Heed our advice: Exploring how professionals guide small business owners in start-up entity choice. *Journal of Small

Business Management 53(1): 249–265.
Chong, S. (2014). Business process management for SMEs: An exploratory study of implementation factors for the Australian wine industry. *Journal of Information Systems and Small Business* 1(1/2): 41–58.
Classen, N., Carree, M., Van Gils, A. and Peters, B. (2014). Innovation in family and non-family SMEs: An exploratory analysis. *Small Business Economics* 42(3): 595–609.
Cravo, T. A., Gourlay, A. and Becker, B. (2012). SMEs and regional economic growth in Brazil. *Small Business Economics* 38(2): 217–230.
Dibrell, C., Craig, J. B. and Neubaum, D. O. (2014). Linking the formal strategic planning process, planning flexibility, and innovativeness to firm performance. *Journal of Business Research* 67(9): 2000–2007.
Du Toit, G. S., Erasmus, B. J. and Strydom, J. W. (2009). *Definition of a Small Business and Introduction to Business Management*. 7th edition. Cape Town: Oxford University Press.
Esselaar, S., Stork, C., Ndiwalana, A. and Deen-Swarray, M. (2006, May). ICT usage and its impact on profitability of SMEs in 13 African countries. In *Information and Communication Technologies and Development, 2006. ICTD '06. International Conference on IEEE*. (pp. 40–47).
Freeman, J. and Styles, C. (2014). Does location matter to export performance? *International Marketing Review* 31(2): 181–208.
Gilmore, A., Carson, D. and Rocks, S. (2006). Networking in SMEs: Evaluating its contribution to marketing activity. *International Business Review* 15(3): 278–293.
Grover, A. and Suominen, K. (2014). 2014 Summary: State of SME finance in the United States. White Paper.
Gunasekaran, A., Forker, L. and Kobu, B. (2000). Improving operations performance in a small company: A case study. *International Journal of Operations & Production Management* 20(3): 316–336.
Hallberg, K. (2000). A market-oriented strategy for small and medium scale enterprises. Vol. 63. White Paper. Washington, DC: World Bank Publications.
Hilmi, M. F. and Ramayah, T. (2009). Market innovativeness of Malaysian SMEs: Preliminary results from a first wave data collection. *Asian Social Science* 4(12): 42.
Hoffmann, W. H. and Schlosser, R. (2001). Success factors of strategic alliances in small and medium-sized enterprises: An empirical survey. *Long Range Planning* 34(3): 357–381.
Husin, M. A. and Ibrahim, M. D. (2014). The role of accounting services and impact on Small Medium Enterprises (SMEs) performance in manufacturing sector from east coast region of Malaysia: A conceptual paper. *Procedia-Social and Behavioral Sciences* 115: 54–67.
Jenkins, H. (2004). A critique of conventional CSR theory: An SME perspective. *Journal of General Management* 29(4): 55–75.
Keskin, H. (2006). Market orientation, learning orientation, and innovation capabilities in SMEs: An extended model. *European Journal of Innovation Management* 9(4): 396–417.

Khalique, M., Isa, A. H. B. M., Shaari, N., Abdul, J. and Ageel, A. (2011). Challenges faced by the small and medium enterprises (SMEs) in Malaysia: An intellectual capital perspective. *International Journal of Current Research* 3(6): 398–401.

Klewitz, J. and Hansen, E. G. (2014). Sustainability-oriented innovation of SMEs: A systematic review. *Journal of Cleaner Production* 65: 57–75.

Kraus, S., Rigtering, J. C., Hughes, M. and Hosman, V. (2012). Entrepreneurial orientation and the business performance of SMEs: A quantitative study from the Netherlands. *Review of Managerial Science* 6(2): 161–182.

Lee, S., Park, G., Yoon, B. and Park, J. (2010). Open innovation in SMEs: An intermediated network model. *Research Policy* 39(2): 290–300.

Malini, G. (2013). SMEs employ close to 40% of India's workforce, but contribute only 17% to GDP, http://articles.economictimes.indiatimes.com/2013-06-09/news/39834857_1_smes-workforce-small-and-medium-enterprises (Retrieved 10 September 2015).

Massa, S. and Testa, S. (2008). Innovation and SMEs: Misaligned perspectives and goals among entrepreneurs, academics, and policy makers. *Technovation* 28(7): 393–407.

Maurya, U. K., Mishra, P., Anand, S. and Kumar, N. (2015). Corporate identity, customer orientation and performance of SMEs: Exploring the linkages. *IIMB Management Review* 27(3): 159–174.

Nayak, R., Kumar, A. and Sengupta, R. (2014). Barriers affecting implementation of Technology Transfer (TT) in apparel manufacturing Indian SMEs. *International Journal of Applied Sciences and Engineering Research* 4(4): 417–426.

Nolan, C. T. and Garavan, T. N. (2015). Human resource development in SMEs: A systematic review of the literature. *International Journal of Management Reviews*.

OECD (2013). *Mexico: Key Issues and Policies, OECD Studies on SMEs and Entrepreneurship*. OECD Publishing, Paris, http://dx.doi.org/10.1787/9789264187030-en.

Olusegun, A. I. (2012). Is small and medium enterprises (SMEs) an entrepreneurship? *International Journal of Academic Research in Business and Social Sciences* 2(1): 487.

Parnell, J. A., Long, Z. and Lester, D. (2015). Competitive strategy, capabilities and uncertainty in small and medium sized enterprises (SMEs) in China and the United States. *Management Decision* 53(2): 402–431.

Prajogo, D. and McDermott, C. M. (2014). Antecedents of service innovation in SMEs: Comparing the effects of external and internal factors. *Journal of Small Business Management* 52(3): 521–540.

Rowley, C. and Cooke, F. L. (2014). *The Changing Face of Management in China*. New York: Routledge.

Sain, S. and Wilde, S. (2014). *Soft Skills within Customer Knowledge Management and their Impact on Customer Focus*. Berlin: Springer International.

Sannajust, A. (2014). Impact of the world financial crisis to SMEs: The determinants of bank loan rejection in Europe and USA. Working Paper 327.

Shehab, M. A. (2008). Factors influencing accounting information system performance among small and medium enterprises (SMEs) in Tropli. MSc thesis. Universiti Utara Malaysia.

Simatele, M. (2014). Enhancing the portability of employability skills using e-portfolios. *Journal of Further and Higher Education* 39(6): 862–874.

Smallbone, D. and Welter, F. (2001). The role of government in SME development in transition economies. *International Small Business Journal* 19(4): 63–77.

Sui, S. and Baum, M. (2014). Internationalization strategy, firm resources and the survival of SMEs in the export market. *Journal of International Business Studies* 45(7): 821–841.

Tambunan, T. (2007). Entrepreneurship development: SMES in Indonesia. *Journal of Developmental Entrepreneurship* 12(1): 95–118.

Terziovski, M. (2010). Innovation practice and its performance implications in small and medium enterprises (SMEs) in the manufacturing sector: A resource-based view. *Strategic Management Journal* 31(8): 892–902.

Thomas, A. J. and Webb, D. (2003). Quality systems implementation in Welsh small-to medium-sized enterprises: A global comparison and a model for change. *Proceedings of the Institution of Mechanical Engineers, Part B: Journal of Engineering Manufacture* 217(4): 573–579.

Wach, K. (2014). The scale of internationalisation and Europeanisation of SMEs and their functioning in the spatial systems of the European Union. *Przedsiębiorczość-Edukacja* 10: 136–147.

Walczak, D. and Voss, G. (2013). New possibilities of supporting Polish SMEs within the Jeremie initiative managed by BGK. *Mediterranean Journal of Social Sciences* 4(9): 759.

Walczak, S. (2005). Organizational knowledge management structure. *The Learning Organization* 12(4): 330–339.

Wang, C., Walker, E. A. and Redmond, J. L. (2007). Explaining the lack of strategic planning in SMEs: The importance of owner motivation. *International Journal of Organisational Behaviour* 12(1): 1–16.

White, S. (2014). Business population estimates for the UK and regions (2011), https://www.gov.uk/government/uploads/system/uploads/attachment_data/file/377934/bpe_2014_statistical_release.pdf (Retrieved 10–9–2015).

Williams, D. A. (2014). Resources and failure of SMEs: Another look. *Journal of Developmental Entrepreneurship* 19(1): 1450007.

Zhuplev, A. (2009). Small business in Russia: Trends and outlook. Baltic Rim. White Paper.

第 2 章

中小企业的持续改善活动

2.1 什么是持续改善

持续改善（CI）的概念源自于日语 Kaizen，由被公认为持续改善之父的今井正明⊖ 首先在日本提出和进行宣传。在日语中，Kaizen 是一个复合词，包括两个概念：Kai（改变）和 Zen（提高）。Boer et al.（2003）为我们提供了一个关于持续改善的非常重要的定义。他们把持续改善定义为"持续的、增长的和在全公司范围内改变现有做法以提高公司业绩的有计划、有组织的系统过程"。

持续改善是改善产品、服务或流程的持续努力。这些努力可以是随着时间推移的"递增"式改善或一次性的"突破"式改善。它基于一个信念：永无止境的一系列小变化可以带来持续改善。需要关注的重要之处在于是全员参与持续改善，而且高级管理层必须从一开始就主动地、全身心地投入。

持续改善不会在一夜之间发生——这是一个永无止境的旅程，需要长期的愿景和整个组织高层管理团队的坚定支持。高层管理团队要传达的信息是，持续改善不仅是一个削减成本的过程，还是组织文化的变革。为了把持续改善融入基因，组织应专注于持续改善的几个关键原则，如领导力、员工参与和持续改善的过程改进指标，以数据驱动的方法实施改善和健全的管理体制。

我们如何确定一个企业的文化已经准备好了开展持续改善活动？首先，组织中的领导者应该明白，持续改善是一种哲学，而不是一组解决问题的工具或技术。许多高级管理人员往往要求为企业所面临的问题提供一个能在短期内产生结果的、快速的解决方案。此外，若要成功地建立一个持续改善和其他改革活动的文化，组织中的人员需要投身其中并成为变化过程的一部分。领导者应该与持续改善团队共同制定明确的目标，同时应该给团队做决定的权利以实现目标。重要的是，即使个人的观点或方法没有被采纳，每名团队成员仍然感觉

⊖ 今井正明（Masaaki Imai）——国际公认的精益大师。他于 1985 年成立了全球改善咨询集团。今井正明的主要著作有《改善：日本企业成功的奥秘》和《现场改善》。——译者注

有价值和被尊重。此外，强烈建议领导者根据带来的价值果断明确地选择最优持续改善项目，从而将团队工作与业绩目标紧密挂钩。

2.2 中小企业的持续改善实践

在现有的文献中，对于在中小企业实施持续改善有不同的观点。中小企业实施持续改善的原因之一，是它们经常作为大企业的供应商，被要求开展持续改善并且需要证明具有满足要求的各种能力。在这一节中，我们将简要介绍中小企业采用的不同的持续改善活动。这些持续改善活动包括全面质量管理（TQM）、精益和六西格玛。

Ghobadian et al.（1996）报告了四家中小企业为何采用 TQM 的案例，介绍了 TQM 实施的主要步骤、实施后的影响和结果，以及实施过程中面临的困难。他们的结论是，TQM 可以应用于中小企业并取得成功。他们指明了中小企业实施 TQM 的固有优势。

Shea et al.（1995）基于对小企业的研究列举了几个实施 TQM 的动机：

1）促进成长——如果有证据表明组织运行良好，就较容易说服给企业发放贷款的银行家们进行投资。

2）坚信客户满意度和员工授权的管理理念反映了支持 TQM 的管理方式。

3）组织看上去做得很好，进一步提高客户的信心（竞争性问题）。

4）使工作更加愉悦。

5）如果公司没有做得很好的话，改善企业经营状况（生存性问题）。

那么，从中小企业实施 TQM 中获得的主要经验教训是什么？实施 TQM 所必需的一些基本过程是业已存在的，但在组织中的执行程度在很大程度上取决于可用的资源水平。这意味着中小企业应该使用一个更为缓慢和渐进的方式来实施 TQM。中小企业无法承受巨额费用，如一整年的专门 TQM 培训，或拜访 TQM 的标杆公司。基于其规模小的现状，中小企业应该通过改善项目来降低成本、增加利润、减少失败，以在最短的时间内获得更大的成功。TQM 不会解决每个问题，事实上，它还可能会造成一些其他问题。TQM 只是企业可以实现业务目标的许多理念之一，而不是包治百病的万能药。

根据 Achanga et al.（2006）的报告，虽然精益生产正在成为用以提高生产力的流行技术，但中小企业不能确认实施精益生产的成本以及实施后可能得到的有形和无形利益。这其中的大多数企业都担心实施精益生产成本昂贵且费时。此外，除非中小企业调整其关注点，变得更加容易接受和吸收新的想法，否则在中小企业内有效地应用和利用精益生产就将被推迟，甚至可能无法实现。

一个来自于 Dora et al.（2013）的案例表明，与其他的精益实践相比，某些精益生产的做法（如全员生产维护（TPM））、员工参与和客户参与已被广泛应用于欧洲的中小型食品企业中。尽管现有的资料表明中小企业对全面生产维护的采用进程十分缓慢，但是 Dora et al. 对中小企业实际采用全面生产维护的调研结果与现有资料相反。这项研究的结果证明，中小型食品加工企业受益于实施精益生产的实践，特别是在降低成本、提高盈利能力、提高生产力和减少客户抱怨等方面。尽管如此，中小食品企业还没有获得精益生产的全部收益，因为它们仅仅处于实施的早期阶段。

Wessel et al.（2004）在他们基于德国中小企业样本的研究中确定了实施六西格玛的具体要求。这项研究还探讨了如何改进六西格玛，以便使其在中小企业环境中更为适用和更有价值。这是对在中小企业内开展六西格玛管理的第一次研究。

Snee et al.（2003）认为没有天然属性表明六西格玛一定更适合于大企业。他们还建议，迄今为止在小企业实施六西格玛的最大障碍主要是培训机构对所培训产品的定价结构。最近，随着越来越多的使用指南和可用培训材料的开发上市，定价结构已经开始改变。今天，在不需要太多预付款的情况下，中小企业更容易获得良好的外部资源。Adams et al.（2003）建议中小企业最初的关注点可以是降低质量成本或系统中的浪费。短期内，小企业可以更为明显地看到效果、投资以及结果。

Davis（2003）指出，中小企业发生的问题是当它们向六西格玛咨询公司征求部署六西格玛的建议时，只是得到为大企业内实施六西格玛设计的传统方法。投入自己企业最好的人才，并给广大管理人员和员工提供培训，这可能需要数百万美元的投资。他还认为，使用黄带㊀的方法能让中小企业以更低的成本实施六西格玛，其节奏更易于管理。他补充说，通用的六西格玛黑带投入模型并不适用于每一家企业。

Antony（2015）进行了一个横向研究，以评估英国中小企业实施六西格玛的现状。这项研究的结果表明，许多中小企业根本就不知道六西格玛或没有能力来实施六西格玛项目。管理层的投入和参与，把六西格玛与客户紧密相连，并将六西格玛与企业战略联系起来，是六西格玛在中小企业中成功部署的最关键因素。这篇论文调研了六西格玛在英国中小企业中的应用，其结果表明，采用它的企业在战略和业务层面都获得了好处。如果想进一步推广六西格玛，需要更多的宣传并创建用户群，以支持中小企业分享和交流成功部署六西格玛的经验，从而在用户群内推广最佳实践。

㊀ 黄带是六西格玛认证系列中最基础的认证。一般而言，获得黄带者只是接受了几个小时的六西格玛培训、主导了几个较小的改进项目。黄带认证者对六西格玛的方法论和基本工具有初步的了解。——译者注

2.3 在中小企业实施持续改善的关键成功因素

关键成功因素（CSF）是那些对任何组织的成功起到不可或缺作用的因素。在这个意义上，如果与目标相关的因素没有兑现，该组织将会失败——也许是灾难性的。Oakland（2000）定义关键成功因素为"一个术语，它代表一个企业或组织最重要的子目标，为了完成使命而必须实现这个子目标。"在实施六西格玛项目的背景下，关键成功因素代表的是必不可少的要素，没有它，项目就几乎没有成功的机会。

Lee（2004）启动了对中国小型制造业企业全面质量管理的现状、认知与发展的研究。在他的研究中，实施全面质量管理的关键成功因素包括最高管理层的支持、员工参与、供应商参与、培训和教育。

Assarlind et al.（2014）基于对 59 篇论文的研究确定了一些持续改善的关键成功因素。这些因素被提取并分为六大类：语境化、逐步实现合理的目标、员工的参与和培训、外部支持的参与、管理层的参与和基于事实的跟踪。这些因素并不是中小企业所特有的，但总的来说，它们是针对中小企业的。

要在中小企业成功部署六西格玛管理，我们应该考虑下列关键成功因素：领导力和管理层的支持；组织基础设施；文化变革；教育和培训；愿景和计划；把六西格玛与客户、企业战略、员工、供应商紧密相连；沟通；对六西格玛的理解；项目管理技能；项目优先顺序和选择。

Antony（2015）定义了在英国中小型制造业中成功实施六西格玛的关键因素。这些因素包括管理层的介入和参与，把六西格玛与客户、企业战略、组织架构紧密相连，对六西格玛方法论的理解，六西格玛的培训以及项目优先顺序和选择。Achanga et al.（2006）定义了在中小企业环境内成功应用精益生产的四个关键成功因素，包括领导力和管理层、财务能力、组织文化、技能和专业知识。

2.4 持续改善的领导力

无论所在组织的规模和性质如何，每个人都应认识到把持续改善作为业务中优先事项的重要性。在持续改善中实现和维持领导力成为一个长期困扰企业的问题。朱兰㊀等人（Juran et al., 1995）在他们的一篇文章中指出，"达到好的质量管理要求高级管理人员亲自负责持续改善活动"。最好的例子来源于摩托罗拉的前首席执行官罗伯特·高尔文（Robert Galvin），他已经养成了在高层会议上把质量放在第一位讨论的习惯。

㊀ 全名约瑟夫·M.朱兰（Joseph M.Juran，1904—2008），是全球公认的现代质量管理的权威。由朱兰博士主编的《质量控制手册》被称为当今世界质量控制科学的名著。——译者注

那么，一个组织要达成和维持持续改善需要什么样的领导力？我们的意见是，要想在一个组织中维持持续改善，领导者需要具有以下特点、特征或承担以下角色：

1）制定战略和富有远见的领导力。

2）定义和沟通组织所采取的策略，以达到和保持质量要求。

3）给员工授权，让他们对自己工作流程中的持续改善负责。

4）创造信任、开放、诚实沟通的环境。

5）营造一个有助于创造力、创新和持续改善的环境。

6）激励、激发并肯定员工的贡献。

7）设定具有挑战性的目标和指标——通过目标设定，领导者能够通过不断在每个部门内制定切合实际和可衡量的目标来促进整个组织的持续增长和发展。

8）在整个组织中挑选并开设持续改善项目，并确保所有员工都积极参与到这些项目中。我们建议在组织内每项业务职能的团队领导者和持续改善专员的帮助下做一些好的项目辅导和指导。

也许，与质量最相关的领导风格就是变革型领导力，它寻求方法来帮助激励追随者，满足高阶的需求，在工作的过程中让员工更充分地参与其中。此外，变革型领导者通过创造信任文化，绘制一个鼓舞人心的、注重质量的愿景，大力支持质量方法变更来鼓励质量改进。戴明（Deming，1986）指出，"西方风格的管理所需的转变，是把经理们转型为领导者"。虽然我们已经描述了在一个组织维持持续改善的领导人的角色或特征，但我们认为，对于领导者在未来的中小企业中创建精益六西格玛所需的技能，我们的研究还是不够充分。

2.5 持续改善活动的可持续性

在过去的几十年里，一些学者研究了企业如何通过精益六西格玛或持续改善取得竞争优势。换句话说，精益六西格玛或类似的业务流程改进方法已经成为一些公司在全球市场上赢得竞争所使用的基本方法。在持续改善中保持竞争优势，需要在低运营成本中维持高水平的质量。随着时间的推移，维持高水平的质量需要能满足甚至超过客户的期望。由于客户的期望会随着时间而变化，对于组织来说重要的是关键过程如何适应变化。

研究表明，有一些因素是在一段时间里维持精益六西格玛和持续改善的关键。这些因素包括高级管理团队对持续改善的支持和领导、规划和组织持续改善，对组织内各层级的持续教育和培训，测量和反馈，使用持续改善和文化变革的工具和技术。阻碍持续改善的一些障碍是恐惧和抵制变化，缺乏领导力，缺乏支持持续改善的资源（例如，没有持续改善倡导者或正式的持续改善团队）等。最近的一项研究表明，71%实施了有效变革管理的公司，比那些没有进行变革的公司更容易实现和维持目标。尤为突出的一个事实是，在这些变革公司中，55%的公司更容易完成或提前完成自己的业务目标。

倡导动态能力提升的组织将有可能在未来几年的质量竞争中一马当先。动态能力是企业整合的能力，用以建立和重新配置内外部资源以应对迅速变化的环境。简而言之，我们强调的事实是：构建动态能力的组织会在一段时间内维持精益六西格玛管理。根据作者从事的多项科研项目和提供过的咨询服务，只有少数几家公司能随着时间的推移一直坚持持续改善。当其真正涉及持续改善的方法，如精益、六西格玛或精益六西格玛时，才发现许多公司并不具备持续改善的框架。

2.6 总结

本章首先介绍了持续改善及其在组织中的重要性。其次，介绍了中小企业采用的各种持续改善的做法，包括全面质量管理、精益生产和六西格玛。本章接着分析了在各类中小企业的背景下，实施持续改善的关键成功因素，并明确强调了中小企业领导者要想成功实施持续改善的关键特征。本章的最后一部分揭示了长期开展持续改善的一些挑战和动态能力对于在一段时间内维持一切持续改善的重大意义。

参考文献

Achanga, P., Shehab, E., Roy, R. and Nelder, G. (2006). Critical success factors for lean implementation within SMEs. *Journal of Manufacturing Technology Management* 17(4): 460–471.

Adams, C. W., Gupta, P. and Wilson, C. (2003). *Six Sigma Deployment*. Burlington, MA: Butterworth-Heinemann.

Antony, J. (2015). The ten commandments of quality: A performance perspective. *International Journal of Productivity and Performance Management* 64(5): 723–735.

Assarlind, M. and Gremyr, I. (2014). Critical factors for quality management initiatives in small and medium sized enterprises. *Total Quality Management & Business Excellence* 25(3/4): 397–411.

Boer, H. and Gertsen, F. (2003). From continuous improvement to continuous innovation, a retroperspective. *International Journal of Technology Management* 26(8): 805–827.

Davis, A. (2003). Six Sigma for small companies. *Troy* 42(11): 20.

Deming, W. E. (1986). *Out of the Crisis*. Cambridge, MA: MIT Press.

Dora, M., Kumar, M., Van Goubergen, D., Molnar, A. and Gellynck, X. (2013). Operational performance and critical success factors of lean manufacturing in European food processing SMEs. *Trends in Food Science & Technology* 31(2): 156–164.

Ghobadian, A. and Gallear, D. N. (1996). Total quality management in SMEs. *OMEGA* 24(2): 83–106.

Juran, J. M., Bigliazzi, M., Mirandola, R., Spaans, C. and Dunuad, M. (1995). A history of managing for quality. *Quality Progress* 28(8): 125–129.

Lee, C. Y. (2004). TQM in small manufacturers: An exploratory study in China. *International Journal of Quality and Reliability Management* 21(3): 175–197.

Oakland, J. (2000). *TQM Text With Cases*. 2nd ed. Oxford: Butterworth-Heinemann.

Shea, J. and Gobeli, D. (1995). TQM: The experiences of ten small businesses. *Business Horizons* 38(1): 71–77.

Snee, R. D. and Hoerl, R. (2003). *Leading Six Sigma*. Upper Saddle River, NJ: Prentice-Hall.

Wessel, G. and Burcher, P. (2004). Six Sigma for small and medium-sized enterprises. *TQM Magazine* 16(4): 264–272.

第 3 章

精益六西格玛

3.1 什么是精益生产系统

制造系统经历了从手工生产向大规模生产和精益生产的转变。这一转变的关键变量包括产品的复杂性和市场的动态变化。批量生产能满足规模经济，即大批量生产的结果是单位成本下降。现代的客户期望在有需求时，能以一个最佳的成本获得产品。为了吸引顾客并保持自身在市场上的竞争力，组织应不断探索降低成本和提高生产力的方法。改善公司绩效的最佳途径之一是实施精益生产系统。大野耐一（Ohno，1988）指出，丰田生产系统的基本目标（1988年）是消除浪费，这是通过质量控制和质量保证来实现的。大野耐一强调只在需要的时候生产所需数量的产品，这使丰田成为世界汽车行业的市场领导者。精益生产这一术语是在20世纪90年代，由Womack et al.（1990）在他撰写的《改变世界的机器》⊖中创造的概念。这本书结合了美国、欧洲和日本所使用的生产方法，提出了"精益制造"。之后，许多生产工程师和专家致力于使该生产方法更行之有效。精益生产使生产系统得以简化，以实现成本节约、客户满意度和利润的进一步提升。

精益这个术语从制造的角度意味着识别和消除过程中的浪费（Womack et al.，1990）。Liker et al.（2000）认为，"精益生产"是一个以最低的成本开发生产最优质的产品并能及时交货的制造理念。一个精益生产系统能产生更广泛的产品变体，能以较低的成本达到更高的生产力水平、更快的交货速度和最佳质量。精益生产技术有助于提高效率、响应速度和生产的灵活性。以丰田为代表

⊖ 《改变世界的机器：精益生产之道》是一本精益经典巨作，其巨大贡献是，它明确阐述了根本不同的两大业务系统，以及两种人类如何合作创造价值的思维方式。由通用汽车公司首创的大批量生产系统使其成为当时世界上最大的工业企业。在之后将近75年的时间里，这个系统被世界上所有行业广泛复制和使用。另外一个业务系统——由丰田公司开创的精益生产，现今已快速传播到世界各个角落。向精益转型将会为人类社会带来深远影响，它将真正改变世界。——译者注

的工业企业已深有体会。

精益生产是一种经营哲学，能促进制造工艺的持续改进，与制造何种产品无关（Shah et al.，2007）。精益生产的范围涵盖了基于价值创造的要素、规则和工具（Gopalakrishnan，2010）。精益生产不但强调在工序上浪费最小化，而且注意提高生产速度。精益原则确保组织在行之有效、记录良好的业务和战略上取得成功，这些成功有助于提升客户价值。

每个产品都有价值，任何产品或服务都是经过一系列流程的输出。增值发生在生产过程的各个阶段。产品价值意味着客户的支付意愿。客户需要一个价值高而成本低的产品。而浪费意味着那些客户不愿意为此支付的活动。因此浪费既消耗资源或时间，又没有提高产品价值。

3.2 精益生产系统的关键原则

要有效地实施精益，需要清楚地认识精益生产的几项关键原则（Gopalakrishnan，2010）。缺乏对这些原则的理解将会由于缺少付出和努力而导致失败。没有付出和努力的过程也终将无效。

精益生产的五条原则（Gopalakrishnan，2010）如下：

1）价值取决于客户的观点。客户价值是指客户对产品特性的感知和偏好，它能促进客户的目标实现。这个定义体现了精益生产服务于客户和业务的观点。客户价值意味着客户获得和使用产品的价值与获取产品成本之间的差异。价值是客户愿意支付的产品成本及其附加成本。最好的价格并不意味着最低的价格，而是数量、质量和交货的最佳整合。产品的价值在于能愉悦客户。要确定产品的价值，需要分析产品或服务从开始到结束的整个流程。

2）价值渗透于整个流程。价值流体现在产生成本的每个流程中。它包含于设计、制造和开发产品或服务所经历的一系列信息、材料和价值流动的活动中。价值流是指从订单产生，直到产品交付给客户的完整生产过程。价值流涉及为客户开发产品或服务的从头到尾的所有必要步骤：

① 价值流过程中的每项活动需要被归类为对客户增加价值的活动（增值）、对客户不增加价值的活动（非增值）和为完成产品而必需的活动（必要但非增值）。

② 价值流的流动必须平稳，其中的障碍需要被清除。

增值活动通常是指从客户的角度增加价值，客户愿意为此支付的活动。这些活动有助于获得竞争力。非增值活动则是典型的浪费，必须消除。由于政府管制，必要但非增值活动也是必要的。

3）价值流。价值流是基于客户需求而进行产品生产，从而在供应链的上下游之间展开的一系列活动。流动必须顺畅且没有任何障碍。公司管理的任务是确保流程中没有瓶颈。因为瓶颈会降低流动速度，进而影响交货时间并增加成本。价值流也应该考虑库存。流动中的瓶颈可能是由于产线布局不当，模具不合适，停机时间长，设备故障或库存较大。发生这些状况，就需要采取适当的措施来克服和改善影响价值流流速的瓶颈障碍。

4）客户拉动。推动式系统是在不了解客户需求的情况下制造产品，并将其推向市场的。而拉动式系统专注于生产基于客户需求的产品。拉动式系统可最大限度地减少和消除库存。拉动式系统对客户需求的及时反应反映到供应链中即为客户的实际需求。

5）持续改善和坚持持续改善。组织目标的实现取决于持续改善。"持续改善"一词意味着随着时间推移对产品、过程或服务进行增量改进，以减少浪费、提升工作场所的性能、提供满足客户需求的服务或产品。并且要坚持持续改善，坚持这个过程、程序、标准和效率，确保组织不会偏离设定的目标。在持续改善执行过程中，只有参与其中，才能尽善尽美。这也是为什么实施精益的企业要有长期管理政策。

3.3 精益生产系统的好处

实施精益生产带来的好处如下（Dennis，2007）：

1）提高质量。精益通过问题的解决和防错机制来促进质量改进。解决问题的方法专注于问题的根本原因，防错机制避免问题的发生或复发，从而促进质量的提高。

2）改善目视化管理。精益生产使用目视化管理，通过目视化识别异常。精益生产采用目视化机制可以很容易地检查异常和简化流程。

3）提高效率。精益生产采用均衡化和标准化作业，以确保有效的工作和改善。标准化的工作程序确保均衡生产的效率。

4）便于团队管理。通过合适的作业指导、标准化作业和标准问题分析，精益生产有利于团队管理。

5）全公司参与。精益生产是一门管理哲学，它促进整个组织的参与和团队合作。另外，精益生产带来的益处也进一步促进跨职能部门的团队文化建设。

6）消除问题。精益生产系统可用来分析和调查问题，以找出其根本原因并解决问题。此外，改进行动只针对几个关键原因。

7）减少空间占用。精益生产通过减少库存和其他形式的浪费以有效利用空间。减少浪费的活动创造了空间的高效运用。

8）更安全的工作环境。精益生产采用目视化管理和5S确保整洁有序、安全的工作场所。有组织的工作场所有利于简化流程和获得其他相关的改进益处。

9）改进员工士气。借助导入精益活动，通过员工参与和作为团队成员的授权来提升员工士气。把对员工提出精益改进建议的奖励制度化，可以进一步提高他们的士气。

10）缩短交货时间。精益有利于更快地执行业务流程，以减少延误，及时在市场上推出产品。流程周期时间和换模时间的减少将大大缩短交货时间。

11）改善客户服务。精益提高客户服务，在客户需要的时候提供其想要的产品。精益保证按需生产，使组织以最小的库存来运营。

12）增强响应能力。从精益的角度来看，业务流程将更快，每个流程都与组织的供应链紧密相连，为组织创造财务收益。

13）提高办公室绩效。精益有助于减少订单处理错误，简化客户服务职能，减少文书工作。通过实施精益活动促进办公室工作自动化。

14）提高生产率和盈利能力。精益生产通过降低生产成本来提高生产效率和盈利能力。

3.4 什么是六西格玛

摩托罗拉公司当年面临着来自海外市场特别是日本极大的竞争压力。虽然不可能追溯开始实施六西格玛的确切日期，但在1987年，比尔·史密斯（Bill Smith）（一位可靠性工程师）和他的同事一起开展了改进项目。他们采用的方法看起来类似于TQM（Harry et al.，2000）。最终，迈克尔·哈利[一]和其他人帮助史密斯制订出了一种全面业务计划方法，旨在保护摩托罗拉的寻呼机业务（Pande et al.，2000）。他们把这项活动命名为"六西格玛"，即为了减少变动带来的差异，从而将关键过程指标的偏差限制在六个标准差（Harry et al.，2000）。

就具体内容而言，六西格玛至少有三层含义：①它被视为质量评估指标。西格玛是一个代表评估过程中变化的希腊字母。达到六西格玛质量水平意味着，每100万个产品中的缺陷品不足四个。②六西格玛可以被看作企业改进的战略和哲学。③它是解决问题的方法论，旨在找到并消除在业务流程中的缺陷或错误的原因，并专注于过程中的输出。从客户的角度来说，这非常关键。因此，基于统计学的六西格玛数据驱动问题解决的方法论，一经问世，即引人注目（Snee et al.，2007）。

摩托罗拉公司由此获得骄人业绩，这引起了其他企业的关注。其他与摩托

[一] 迈克尔·哈利（Mikel Harry）：统计学家，六西格玛创始人之一。——译者注

罗拉在类似市场中开展业务的企业,如霍尼韦尔公司⊖和联合信号公司(Allied Signal)也在1990年左右开展了六西格玛改进活动。它们同样也获得了成功。通用电气公司(GE)首席执行官杰克·韦尔奇(Jack Welch)于1995年下半年开始在公司导入六西格玛活动。由此六西格玛从幕后跃至台前,并迅速占领著名报刊商业板块的首页。

今天,六西格玛已被广泛应用于制造企业和服务机构,尤其是在金融服务业,如美国摩根大通银行、花旗银行和加拿大蒙特利尔银行;还有卫生服务机构,如美国联邦健康公司和迦密山医疗公司。许多公共部门也把六西格玛作为一种战略,以实现卓越流程和为客户提供标准化的服务。

3.5 六西格玛的一些常见"神话"

对于什么是"六西格玛",有一些普遍存在的困惑和误区。笔者在这里列出其中的一些所谓"神话"和真相。

3.5.1 六西格玛是另一种管理时尚

当然,六西格玛在一个组织中可能只是一种时尚,如果该组织的领导人仅把它作为一种时尚的东西:"我们实施六西格玛,因为它是流行的,其他人都在用它。"然而在我所了解的大多数组织中,六西格玛并不是一个时尚代名词,尤其在那些部署得当的组织中,六西格玛更不是一种时尚(Antony, 2007),它实实在在地为组织带来效益提升。引用霍尼韦尔公司一位经理的原话:"你遵循六西格玛管理过程,它就会起作用。如果未见其作用,那说明你没有很好地遵循这个过程。"

六西格玛作为一种管理体系,已经在一些世界级的公司中通行了近30年,这看起来似乎与流行时尚矛盾。六西格玛已经为那些认真实施它的组织创造了显而易见的利润价值。相反,我们必须承认,很多公司盲目地导入六西格玛皮毛,却并没有仔细考虑过该活动所要求的管理层参与。这样的公司要么失败,要么只能获得有限的成功。也许对于这些组织而言,六西格玛只是一种时尚,流行一个月而已(Antony, 2007)。

3.5.2 六西格玛就是统计

另一种常见的误解是,六西格玛只专注于提供各种统计工具和技术培训,

⊖ 创建于1885年的霍尼韦尔公司在美国纽约证券交易所上市,该公司的主要业务涉及航空、石油、化工、建筑、物联网、过程控制、高性能材料等领域。——译者注

而几乎忽略了人的因素（如开展公司文化建设，使每个人参与并支持持续改善）。统计术语"西格玛"给人们一个印象：六西格玛仅是一个统计和测量程序工具而已。

事实上，六西格玛不仅仅是统计。六西格玛推动减少缺陷、改进过程和提升客户满意度，是基于"统计思维"的管理范例。六西格玛是基于流程、波动和数据分析的学习与实践的哲学。统计思维只是方法论的基础，但六西格玛是以行动为导向，专注于服务自身和客户流程的改善并通过系统地减少误差和不断改进目标来减少缺陷（Snee，2004）。

3.5.3　六西格玛只适用于制造业

当今，六西格玛的应用已从制造业延伸到了服务业、政府和公共部门、医疗保健领域和其他非营利组织。摩托罗拉发明了六西格玛，并首次在其制造部门实施，并从1990年起，开始在非制造部门实施。在柏林举办的欧洲质量论坛上，有报道称，摩托罗拉从1990年至1995年在非制造过程中通过实施六西格玛节省了54亿美元。

六西格玛提供了一个严格的方法来提高服务的可用性（即服务具有满足需求的特性）和服务效率（即时间和成本）。在服务流程中实施六西格玛的战略目标便于了解缺陷是如何发生的，然后设计改进流程以减少此类缺陷的发生，从而提升客户体验和客户整体满意度（Antony，2004）。专家们一致认为，以服务为导向的组织远离六西格玛最常见的原因是它们误把它看作制造业的一种解决方案。服务性组织必须要克服的一种观点是：公司是靠人驱动的，没有可以测量的缺陷。以不同的六西格玛从业者和专家角度来看，这是一个纯粹的误解。

3.5.4　六西格玛只对大型组织有效

六西格玛是用于解决问题的方法论，而问题无处不在。不管是什么类型或规模的业务，这种解决问题的方法都适用。你可能是一个批发商、零售商、制造商或服务组织，无论是一个拥有300名员工的公司还是一个雇用10名员工的家族企业，六西格玛都会起到作用，只要你能有效地使用这套方法论（Brue，2006）。

Snee et al.（2003）提出，六西格玛本身并不含有某种特性使得其更适合于大企业。他们还提出，迄今为止，在小企业实施六西格玛的最大障碍主要是六西格玛培训机构对培训内容的编排过于复杂。今天，在许多组织中，六西格玛已发展成为一个业务战略。因为伴随供应链问题的重要性日益显著，六西格玛对于中小企业的重要性将与日俱增。

3.5.5 六西格玛与全面质量管理相同

20世纪的质量大师戴明[一]认为，TQM是个概念含糊的术语。他指出："TQM失败的原因在于虽然你可以叫它TQM，而事实上并没有这样的东西。它只是一个时髦的词汇而已。我从来没有用过这个术语，因为它没有意义"（Deming，1994）。

六西格玛策略中以下三个方面的内容并没有在TQM中被强调：①六西格玛以结果为导向，因此，它把改进重点清楚地体现在真金白银的净利润增加上。除非团队肯定实施项目能带来资金节约，否则这个六西格玛项目不会被批准。②六西格玛方法论将定义——测量——分析——改进——控制（DMAIC）的工具和技术按一定的顺序进行关联。③六西格玛创建了一个强大的理论和实践基础来培训项目倡导者、黑带大师、黑带、绿带和黄带（Snee，2004；Antony et al.，2005；Pande et al.，2000；Adams et al.，2003）。

3.6 六西格玛方法论概述

本节把六西格玛解决问题的方法做一个概括。当然，在本书的第6章中，我们还会做具体阐述。六西格玛利用一个强大的五阶段数据驱动的方法来改善流程。六西格玛方法论的五个阶段如下：

1）定义阶段：项目组必须定义问题和与问题相关的流程，确定项目目标和里程碑，以及定义客户（内部和外部）的要求。

2）测量阶段：项目组要测量被研究流程的基本表现。这个阶段的主要目的是收集该项目范围内有效且可靠的数据。

3）分析阶段：要确定由于表现不佳或误差过大而导致流程中缺陷或错误的根本原因。许多统计工具可以用来分析数据，并确定问题的潜在根源。

4）改进阶段：要制订并实施可能的解决方案，以改善流程的表现和减少当前问题所造成的影响。

5）控制阶段：旨在将改进的表现变得可持续，例如生成一个详细的解决方案来监控计划，观察为成功而实施的改进结果，定期更新记录，并保持一个切实可行的员工例行培训。

[一] 爱德华兹·W.戴明（Edwards W. Deming）博士是世界著名的质量管理专家。其主要观点（Deming's 14 Points）是全面质量管理的重要理论基础。戴明的主要著作有《转危为安》（*Out of the Crisis*）、《戴明的新经济观》（*The New Economics*）。——译者注

3.7 六西格玛的好处

六西格玛使组织改善流程，在第一时间提供客户所需要的产品。那些正确实施六西格玛的组织受益匪浅，从解决发生的问题到积极主动地预防问题的发生，竞争优势因而突显，持续改善的组织文化也悄然发生改变。以下是六西格玛的潜在好处：

1）增加营业收入。六西格玛可以增加营业收入，使组织用更少的投入获得更多的产出（即能够使用较少的资源生产更多的产品或提供更多的服务）。

2）降低运营成本。六西格玛可以直接降低与报废、返工、维修、更换、保修、停机时间等因素相关的成本。

3）提升员工士气。六西格玛可以通过让员工参与到改进过程中来提高他们的士气，并为员工营造出一种归属感和责任感。

4）减少"救火"。有效使用六西格玛可以减少解决问题时所做的无用功或降低"救火"的成本。

5）提升问题解决技能。在解决问题的方法论内，六西格玛使用了一套工具。而且，那些参与六西格玛项目的人将有机会学习如何运用这些工具来解决现实问题。

6）改善沟通。六西格玛需要团队合作，这可以改善团队成员之间的沟通效果，而且还将显著提高团队成员和高级管理层之间的沟通效率，如实施各种干预措施和定期召开管理层项目评审会议。

7）提高质量和可靠性。六西格玛方法论可以用来降低缺陷率，甚至防止过程中缺陷的产生，这将提高产品的质量和可靠性。

3.8 精益六西格玛的优缺点

3.8.1 精益的优点

以下是精益生产系统的一些优点（Schonberger，2008）：

1）积极的劳动力效应。精益战略往往是基于员工的主动性，那些从事实际工作的员工才是改善工作的最佳创意的来源。工人对他们的工作场所和所做的工作更容易感到参与感和满足感。

2）有益的工作环境。伴随着精益生产，精益文化构建和推行标准化，员工和管理层大多数不需要的行为烟消云散了，从而创造出更为和谐的工作环境。

3）减少占地面积。专家估计，如果正确采用精益生产技术，将有助于公司减少约5%~30%的物理空间需求。

4）改进客户关系管理。在组织中的精益应用可以积极地影响其与客户的关系。

5）改变态度。实施精益生产往往需要一个组织在工作态度上显著改变。如果一个组织没有很好地应对这种变化，就可能面对较大的挑战。

3.8.2 精益的缺点

以下是精益生产系统的一些缺点（Lindlof et al., 2011）：

1）缺乏标准的方法。没有一个精益实践者可以通过仿效他人的标准方法来部署精益生产。

2）过于关注当前。精益扼杀创造性。在一个快速变化已经成为常态的外部环境中，这不但会阻碍组织更好地应对变化，而且会很难抓住突然出现的机会。

3）难以达到稳定的过程。精益不利于组织实现其关键流程的稳定性，从而也不利于过程能力的稳定性。

4）不适合高价值低数量的产品。如果你生产的是少量高价值的产品，那么精益可能不是最好的方法。

3.8.3 六西格玛的优点

下面是六西格玛的一些优点：

1）作为一个业务流程的改进战略，六西格玛明确地把重点放在实现组织基本的可衡量和可量化的财务回报上。

2）六西格玛作为一种解决问题的方法论（DMAIC），按一定的逻辑顺序和严谨的方式，利用工具和技术来解决业务流程中的问题。六西格玛方法中的每一个工具和技术都有自己的作用。何时、何处、为何以及如何使用这些工具或技术决定了六西格玛项目能否成功。

3）六西格玛创建了战略部署的实施基础，发起人或倡导者、黑带大师、黑带和绿带各司其职，领导、部署并实施战略规划。

4）六西格玛强调数据分析，用事实和数据说话，而不是基于假设和预测来展开决策。

3.8.4 六西格玛的缺点

下面是六西格玛的一些缺点：

1）如何获得高质量可用的数据是个挑战。特别是在没有数据可用时（有时，这项任务可能占用项目绝大部分的时间）。

2）缺陷率或错误率的计算是基于正态分布的情况。当前的文献中没有适当解决六西格玛非正态情况下缺陷率的计算方法。

3）六西格玛的统计定义是每 100 万个产品中有 3.4 个缺陷或失败。在计算一个流程的西格玛质量水平时，如果我们假设所有的缺陷都一样重要，那显然不合逻辑。例如，医院的缺陷可能是一个错误的住院程序，工作人员所需的培训不足，工作人员的不当行为，当病人有特殊疑问时不愿意帮助病人等。

4）没有一个标准化的六西格玛黑带和绿带认证程序。这意味着不是所有的黑带或绿带具有旗鼓相当的能力。研究表明，各公司黑带所拥有的技能和专业知识可能良莠不齐，甚至大相径庭，并在很大程度上取决于他们认证机构的专业度。

5）在企业文化里，制度化六西格玛的启动成本是一项重大投资。这一特点将阻碍许多中小企业引进、开发和实施六西格玛业务流程改进战略。

6）如果只是关注于培训了多少名黑带、多少名绿带、完成了多少项目等方面，而不是基于资金节约，那么六西格玛就很容易变成官僚运动。

3.9　为什么要实施精益六西格玛

孤立地部署六西格玛不能消除业务流程中所有类型的浪费，同样，孤立地部署精益管理也不能带来一个在统计控制下的稳定流畅的流程，也不能消除过程中的变异（Corbett，2011）。因此，一些公司已经决定将它们合并，以克服这两种持续改善方法单独实施时的弱点，并且找到一个更强大的策略来推动持续改善和优化流程。（Bhuiyan et al.，2006）。

相比于单独使用一种方法，将这两种方法结合使用，能为组织带来更高的效率和可用性，有助于更快拥有卓越表现（Salah et al.，2010）。美国的乔治集团首次整合并推广了"精益六西格玛"（LSS）。但是直到 2002 年，"精益六西格玛"术语首次被引入文献是作为六西格玛演变的一部分（Timans et al.，2012）。自那时起，在工业界，特别是西方大公司，如摩托罗拉、霍尼韦尔、通用电气等（Timans et al.，2012；Laurenri et al.，2012），以及一些中小型制造企业（Kumar et al.，2006）里，精益六西格玛的推广应用明显增加。

精益六西格玛是一种业务策略和方法论，用以提升流程表现，从而提高客户满意度和利润。精益六西格玛也被广泛认为是一种有效的领导力发展工具。领导者将组织结构从一种构架转移到另一种构架，或将一种工作方式转移到另一种工作方式，这些变化导致工作过程的诸多改变。精益六西格玛提供改变过程的概念、方法和工具。因此，精益六西格玛是一种有效的领导力发展工具，它为领导者自身的角色及领导变革做准备。

根据 Arnheiter et al.（2005）的观点，在一个高度竞争的环境中，孤立地实施精益或六西格玛可能会导致投资回报递减。他们认为，一个精益六西格玛组织将包括以下三个主要的精益管理原则：

1）它有一个最重要的理念，旨在最大限度地提高所有运营的增值部分。

2）它会持续不断地评估所有现有的激励制度，以确保其结果，以全面优化代替局部优化。

3）它将包括一个管理决策过程，根据其对客户的相对影响做每一个决定。

没有一个通用的方法决定何时使用精益或何时使用六西格玛。六西格玛和精益的概念提供了互补的工具集，并连同其他最佳管理实践，提供了一个全面的手段，把一个业务从极端混乱的经营转型为卓越运营。Bertel（2003）强调，单独使用精益或六西格玛具有局限性，六西格玛可以消除流程中的缺陷，但它不能解决如何优化流程的问题；相反，精益原则对于实现高性能和高稳定性的过程并不是很有帮助。六西格玛原则和精益战略的强强联手将会有许多优点。虽然精益方法可以快速改进流程，但它有时也难以做到在全公司内采用这种改进，因为没有足够的基础来支持这种快速高效的改进（Sharma，2003）。使用六西格玛原则和实践能保证在一个区域发生的流程改进可以最大限度地在其他区域发挥作用，从而使产品质量、流程性能或组织绩效获得巨大提升。

3.10 实施精益六西格玛的益处

为了洞察精益六西格玛在不同制造环境的真正益处，Snee 回顾了 20 例在文献中发表过的研究案例（2010）。研究的案例类型代表了飞机制造、印制电路板（PCB）制造、轮胎制造、汽车配件制造、汽车阀门制造和半导体器件制造，其他就不一一列举了。此外，这些案例研究已经在一些信誉良好的国际期刊上发表过。20 个精益六西格玛案例研究展现了精益六西格玛的十大好处：

1）增加利润和节约成本。

2）提高客户满意度。

3）降低运营成本。

4）缩短周期时间。

5）改进关键性能指标。

6）减少流程中的缺陷。

7）减少机器故障时间。

8）减少库存。

9）改善质量。

10）提高生产能力。

在多个案例中还体现了其他间接好处，如提高员工士气有利于创造性思维和由保持整洁所引起的减少工作场所事故，等等。

3.11　实施精益六西格玛的挑战

如同任何对我们工作方式的改变，新的工作方式必然会遇到很多必须要面对的挑战。不解决组织在实施精益六西格玛过程中面临的障碍以及如何克服它们的问题，对于精益六西格玛的讨论就没有完成。这里列举了一个组织成功实施精益六西格玛时常见的几个障碍，以及如何克服它们：

1）对精益六西格玛的方法论缺乏理解。抗拒首先是由于缺乏对精益六西格玛方法论的理解和不相信它会发挥作用。所有人都很容易受到这些挑战，管理层和其他人都一样。教育虽然可以帮助改善这种情况，但成功的项目通常是减少这种顾虑的最好方法。在最后的分析中，这是一个"信仰的飞跃"：精益六西格玛将会在你的组织中起作用。成功的项目能让怀疑者缄默，会提高精益六西格玛支持者们的自信和证明"信仰的飞跃"是正确的（Snee，2010）。企业可以通过完全遵照精益六西格玛过程、雇用和支持精益六西格玛专家来克服这个障碍，以保证企业是真正在部署实施这个方法论，而不是仅仅使用这个术语而已。这些专家还会保证该项目始终专注于他们能做出最大改变的核心业务，而不仅仅是那些简单的改变和容易出成果的业务。

2）缺乏精益六西格玛部署路线图。一个正确的部署计划将由项目选择过程以及活动如何长期持续组成。项目的选择和持续可能是部署精益六西格玛中两个最困难的方面。当流程改进和组织目标没有保持一致时，当项目是基于被动地解决问题而不是迎合战略目标时，精益六西格玛的执行力会变差。在许多组织中，项目缺乏有效的领导并且管理效率低下。当领导层致力于运用精益六西格玛方法论，把最优秀的人才放入项目团队，通过一个正式的选择、评估流程运作项目，并提供所需要的资源时，成功的概率将会大幅度提高。

3）缺乏可持续性。虽然许多组织踏上了精益六西格玛旅程，但在过了一段时间后很少能持续开展这个活动。虽然大多数人认为自己的组织需要长期应用精益六西格玛，但它们还是认为学习如何维持好像是个难题（最佳状态）或根本不能持续（最坏状态）。下面的建议可能对在任何的工业环境中坚持精益六西格玛都有用：

- 建立过程责任制，并确保人们对自己业务的流程负责。
- 更关注"流程改进"，而不是依靠衡量培训多少人来确定成功与否。
- 让精益六西格玛成为每个人的持续改善项目，并鼓励跨部门解决问题，打破各个业务职能之间的隔阂。

- 确保员工掌握必要的工具进行流程改进，使他们能够不断改进自己的流程。
- 基于员工实施项目以产生显著流程改善，与员工一起庆祝成功并认可和奖励他们。
- 建立可见的和坚定的领导力：确保精益六西格玛是组织过程改进的核心战略，而且高层管理团队必须参与到选择与企业目标一致的精益六西格玛战略型项目中。
- 创建一个学习型和创新的组织。

3.12 总结

本章为读者介绍了精益生产系统、六西格玛和将这两个在现代组织中所体验过的最强大的流程卓越方法论相结合的合理性，揭示了精益和六西格玛方法论的好处、一些部署精益六西格玛的基本挑战，以及在制造业实施精益、六西格玛和精益六西格玛带来的好处。本章还介绍了一些精益和六西格玛方法论的优缺点。

参考文献

Adams, C., Gupta, P. and Wilson, C. (2003). *Six Sigma Deployment*. Burlington, MA: Butterworth-Heinemann.

Antony, J. (2004). Six Sigma in the UK service organisations: Results from a pilot survey. *Managerial Auditing Journal* 19(8): 1006–1013.

Antony, J. (2007). Is six sigma a management fad or fact. *Assembly Automation* 27(1):17–19.

Antony, J., Kumar, M. and Madu, C. N. (2005). Six Sigma in small and medium sized UK manufacturing enterprises: Some empirical observations. *International Journal of Quality & Reliability Management* 22(8): 860–874.

Arnheiter, D. and Maleyeff, J. (2005). The integration of lean management and Six Sigma. *The TQM Magazine* 17(1): 5–18.

Bertel, T. (2003). Integrating Lean and Six Sigma – the power of an integrated roadmap, www.isixsigma.com (Retrieved 21 July 2015).

Bhuiyan, N., Baghel, A. and Wilson, J. (2006). A sustainable continuous improvement methodology at an aerospace company. *International Journal of Productivity and Performance Management* 55(8): 671–687.

Brue, G. (2006). *Six Sigma for Small Business*. Madison, WI: CWL Publishing Enterprises.

Corbett, L. M. (2011). Lean Six Sigma: The contribution to business excellence. *International Journal of Lean Six Sigma* 2(2): 118–131.

Dahlgaard, J. J. and Dahlgaard-Park, S. (2006). Lean production, Six Sigma quality, TQM and company culture. *The TQM Magazine* 18(3): 263–281.

Deming, W. E. (1994). Report card on TQM. *Management Review* 26: 7.
Dennis, P. (2007). *Lean Production Simplified: A Plain-Language Guide to the World's Most Powerful Production System.* Productivity Press.
Gopalakrishnan, N. (2010). *Simplified Lean Manufacture.* New Delhi: PHI Learning.
Harry, M. and Schroeder, R. (2000). *Six Sigma: The Breakthrough Management Strategy Revolutionizing the World's Top Corporations.* New York: Currency, http://www.venturehaus.com (Retrieved 16 August 2015).
Kumar, M., Antony, J., Singh, R. K., Tiwari, M. K. and Perry, D. (2006). Implementing the Lean Six Sigma framework in an Indian SME: A case study. *Production Planning & Control* 17(4): 407–423.
Laureani, A. and Antony, J. (2012). Standards for Lean Six Sigma certification. *International Journal of Productivity and Performance Management* 61(1): 110–120.
Liker, J. and Wu, Y. (2000). Japanese automakers, US suppliers and supply-chain superiority. *Sloan Management Review* 42: 81–93.
Lindlof, L. and Soderberg, B. (2011). Pros and cons of lean visual planning: Experiences from four product development organisations. *International Journal of Technology Intelligence and Planning* 7(3): 269–279.
Ohno, T. (1988). *Toyota Production System: Beyond Large Scale Production.* Cambridge, MA: Productivity Press.
Pande, P., Neuman, R. P. and Cavanagh, R. R. (2000). *The Six Sigma Way: How GE, Motorola, and Other Top Companies are Honing their Performance.* New York: McGraw-Hill Professional.
Salah, S., Rahim, A. and Carretero, J. (2010). The integration of Six Sigma and Lean management. *International Journal of Lean Six Sigma* 1(3): 249–274.
Schonberger, R. J. (2008). *Best Practices in Lean Six Sigma Process Improvement.* Hoboken, NJ: Wiley.
Shah, R. and Ward, P. T. (2007). Defining and developing measures of lean production. *Journal of Operations Management* 25: 785–805.
Sharma, U. (2003). Implementing Lean principles with the Six Sigma advantage: How a battery company realised significant improvements. *Journal of Organisational Excellence,* Summer 22(3): 43–52.
Snee, R. D. (2004). Six Sigma: The evolution of 100 years of business improvement methodology. *International Journal of Six Sigma and Competitive Advantage* 1(1):4–20.
Snee, R. D. (2010). Lean Six Sigma: Getting better all the time. *International Journal of Lean Six Sigma* 1(1): 9–29.
Snee, R. D. and Hoerl, R. (2007). Integrating lean and six sigma: A holistic approach. *Six Sigma Forum Magazine* 6(3): 15–21.
Snee, R. D. and Hoerl, R. W. (2003). *Leading Six Sigma: A Step by Step Guide Based on Experience at GE and Other Six Sigma Companies.* Englewood Cliffs, NJ: FT Prentice-Hall.
Timans, W., Antony, J., Ahaus, K. and Solingen, R. (2012). Implementation of Lean Six Sigma in small and medium-sized manufacturing enterprises in the Netherlands. *Journal of Operational Research Society* 63(3): 339–353.
Womack, J. P., Jones, D. T. and Roos, D. (1990). *The Machine that Changed the World.* New York: Harper Perennial.

第 4 章

中小企业推行精益六西格玛的路线图

本章将论述在中小企业实施精益六西格玛的一般路线图。当在一个组织中引入任何新的概念时，必须要验证该组织是否做好准备并愿意接受实施，是否拥有实施所必备的基础。因此，本章内容包含了中小企业实施精益六西格玛的准备要素和路线图。本章的所有这些部分作为一个整体，成为任何组织实施精益六西格玛的系统方法。因此，本章将指导中小企业内部人员了解推行精益六西格玛的通用方法和一般要求。

4.1 中小企业成功导入精益六西格玛的准备要素

精益六西格玛的实施需要组织内各级人员共同努力，旨在实现组织的文化变革，更倾向于流程改善活动。如果组织没有准备好实施精益六西格玛，将导致实施活动的失败、人员受挫和为组织内将来要实施变革带来阻力。组织决定将其资源投资于任何精益六西格玛活动之前，最重要的部分是充分考虑准备要素。准备要素是决定成功或失败的关键因素（Antony，2014）。以下是常见的准备要素以及中小企业实施精益六西格玛的相关变量。

4.1.1 准备要素1：高层管理者的支持和参与

精益六西格玛是一个自上而下的活动。高层管理者的支持和参与是在任何一个组织中开展精益六西格玛活动不可或缺的因素。当管理者必须分配资源来执行改善活动时，下列这些变量对于做好准备很重要：

1）高层管理者适当地沟通精益六西格玛的部署和相关益处。
2）高层管理者在本组织内的示范参与。
3）高层管理者授权员工。
4）高层管理者透明的管理风格。

5）高层管理者为项目分配适当的资源。

在精益六西格玛实施的各个阶段，高层管理者的支持和参与需要在整个过程中被大家看见和体会。支持和参与起步于项目的选择和团队成员的确认。最高管理者应确保只选择高优先级的项目，并利用公司内部最好的资源。

4.1.2　准备要素2：富有远见的领导力和文化灌输

在现代工业环境中，领导者需要负责在组织内设置清晰的精益六西格玛实施愿景。在该组织中，领导者应主动承担企业文化转型的主导者工作（Lim et al., 2015）。与这个要素相关的主要变量如下：

1）协助并鼓励员工。
2）制度化的激励和认可机制。
3）让员工专注于与流程有关的改进。
4）鼓励团队成员做出决定，培育未来的领导者。
5）领导者要具有导师风格。
6）对改进和成功进行沟通。

在没有配备全职精益六西格玛资源的大多数企业内，团队成员除了完成其自身在组织中正常工作任务之外，还需要额外执行精益六西格玛活动。因此，团队需要为精益六西格玛项目的成功付出额外的努力。如果组织没有确定有效的激励机制和对成功团队的奖励方案，将很难维持精益六西格玛活动的进一步推进。

4.1.3　准备要素3：关注客户

现代业务战略的一个重要方面就是提高客户满意度。坚定不移地专注于客户是精益六西格玛活动的主要目的。实现客户期望需要根置于精益六西格玛活动的框架里。下面的变量对本准备要素至关重要：

1）确保客户是关注的中心，及时获得客户反馈。
2）扩大客户群。
3）预见未来客户的需求和期望。
4）把组织的战略和进一步的部署活动与客户关注紧密关联。

我们需要在了解客户对所提供产品或交付服务的感知后，才可选定项目。如果项目的选择只是基于观察到的内部问题，精益六西格玛活动的结果就可能不会对组织或客户产生必要的影响和贡献。

4.1.4　准备要素4：选择合适的人

精益六西格玛活动开展得成功与否取决于是否选择了合适的专项工作组成

员。合适的团队成员组成是确保精益六西格玛活动取得成功的必要条件。每一个精益六西格玛项目都需要一位主管及其团队成员，因此必须把各个流程中最优秀的人才吸纳入团队。团队主管需要有领导特质，能够带领团队成员一起行动。同时，他或她也需要有了解数据和分析数据的能力，还需要有信心与管理层及项目团队进行沟通。团队主管要负责项目的及时完成并达成预期结果，需要从各个子流程中选择小组成员。他们应该学习必需的技能，协助收集数据，采取项目所需的其他行动。我们也期待团队成员在流程知识和专业技能方面献计献策。总体来说，项目团队应该作为组织变革的行动者和推动组织向基于数据决策转型的代表。下面列出了属于本准备要素的变量：

1) 小组成员清楚地了解为精益六西格玛所做的努力。
2) 团队成员充分代表各个关键利益相关者。
3) 团队成员掌握精益六西格玛方法论的相关知识和工具。
4) 团队成员能随机应变，坦诚直率且有学习意愿。

4.1.5　准备要素 5：精益六西格玛与组织的业务战略衔接

如果精益六西格玛活动与组织的业务优先事项保持一致，则精益六西格玛的效果就将持续。精益六西格玛项目的规划需要符合组织的目标，针对关键流程或核心业务问题进行改善。下面列出了与本准备要素相关的变量：

1) 精益六西格玛项目与组织的战略、目标和核心业务考核指标一致。
2) 专注于小型项目（也称为快速击中或容易完成的项目）。
3) 在组织内，大家清楚地理解精益六西格玛战略。

在精益六西格玛项目选择阶段，最高管理层需要保证所有选定的项目与业务目标和结果有明确的关联。为了确保这种关联性，可以从关键的业务和客户问题中选择项目。管理层也应该准备一幅实现公司目标的项目路线图，以便大家理解精益六西格玛项目与公司目标之间的关系。通过这个关系，组织可以确保成功地完成项目，获得业绩的改善。这也可以确保所有利益相关者支持精益六西格玛项目。

4.1.6　准备要素 6：开发有效架构的能力

精益六西格玛架构的成功取决于精益和六西格玛工具的有效集成。员工必须对精益六西格玛架构有清晰的理解，以及在架构内部署的不同阶段得到相关的培训。下面列出了与本准备要素相关的变量：

1) 识别合适的精益和六西格玛工具。
2) 把精益工具天衣无缝地结合到六西格玛框架内。

3）通过培训课程，使员工能够理解精益六西格玛框架。

4.1.7　准备要素7：适当地选择和使用精益六西格玛指标

必须适当地选择和使用精益六西格玛指标，还需要培训团队成员使其掌握如何计算精益六西格玛指标。组织是基于精益六西格玛指标来对标的，如西格玛质量水平、百万机会缺陷数（DPMO）、一次产出率等。我们将在第5章探讨更多的精益六西格玛度量指标。属于这个准备要素的变量如下所示：

1）识别合适的精益六西格玛指标。

2）准确计算指标。

计算指标时，团队必须确保只使用那些适合于它们各自流程的指标。在第5章，我们将提供计算这些指标的通用指南。使用太多的指标可能导致整个项目复杂化，并在团队成员之间造成困惑。因此，在培训期间，需强调应根据合适的情况选择合适的指标。

4.1.8　准备要素8：教育和培训

按DMAIC的方法论为那些和实施精益六西格玛相关的人员提供培训。培训应包括开展精益六西格玛项目所需要的特定信息，例如基于数据的决策和如何使用统计软件分析数据，激励组织内部人员参与文化变革。我们在第6章列出了培训中需要着重介绍的主题。有专家参与编制培训方案是必不可少的。这些具备精益六西格玛方法论知识并具有精益六西格玛项目操作经验的专家可以来自企业内部，也可以从外部聘请专业人员。精益六西格玛项目的成功取决于企业内部有效的教育和培训。与本准备要素有关的变量是：

1）确定培训需求。

2）针对不同层次的管理人员和基层员工编制培训课程。

3）定期参观学习精益六西格玛最佳实践。

4）在精益六西格玛部署的每个阶段，专家均参与掌控项目。

必须制订出针对倡导者、黑带（BB）、绿带（GB）和黄带（YB）进行精益六西格玛方法论培训的计划。倡导者的培训时间可以是1天。黑带的培训可以是10~14天。绿带培训时间可以是4~5天。黄带的培训时间是2天。给企业内部所有的工作人员提供为期半天到一天的精益六西格玛认知培训（通常称为白带（WB））也是一个很好的方法，这将帮助全体员工了解精益六西格玛实施的总体架构。而且在项目实施过程的不同阶段也需要给团队成员提供必要的指导，倡导者或管理者必须定期评审项目进展，确保项目如期完成。

4.2 精益六西格玛的实施基础

要在企业内部成功实施精益六西格玛，提供必要的基础至关重要。相关资源包括支持各项活动、能够胜任的人员、后勤设施、其他软件和计算机硬件等的充分的预算。

在这些资源当中，最为关键的是受过训练的人才。正如前面几个章节讨论过的，实施精益六西格玛所涉及的利益相关者包括倡导者、黑带大师、黑带、绿带和黄带。在一个典型的中小企业里，受各种条件的限制（包括预算约束），使用全职或兼职黑带大师和黑带未必可行。大多数情况下，项目需要绿带与黄带的管理。典型的绿带项目周期时间可以是3~4个月，而黄带项目的周期可以小于2个月。从绿带项目中，你可以预期节约1万美元[⊖]，而在黄带项目中可以节约一两千美元。绿带认证者需要先完成两个项目，以便认证者更好地掌握精益六西格玛项目概念在实践中的应用。

需要在此阶段做出的重要决策之一就是绿带和黄带认证者的选择。管理者应当确保组织中可能最好的人才被选为绿带和黄带，以便成功完成精益六西格玛项目。应选择从业经历良好、已被证明有领导技能的人员领导项目。对刚刚导入精益六西格玛的组织而言，部分人员需要接受绿带和黄带培训。如果该组织可以在财力上负担得起，则可以由咨询或培训公司把一位员工培训为黑带，然后由这位黑带认证者负责培训内部的绿带和黄带。除了提供培训，黑带可以指导项目团队以确保成功完成项目，这包括支持精益六西格玛项目组在各个阶段使用统计软件适当地分析数据。

建议在导入精益六西格玛的第一年时间里，最多选择四个或五个精益六西格玛项目。一旦成功完成了这些项目，组织及其员工就将有信心管理更多项目。从第二年起，组织便可以支持更多的项目加以实施。

绿带培训可以是用一个或两个阶段开展为期4~5天的培训，黄带培训通常为期2天。对不参加绿带、黄带培训的人员，我们建议进行1天的白带培训，这可以帮助他们理解精益六西格玛方法论，从而确保对活动的支持。一旦完成培训，这些获得绿带或黄带授证的人员就可以开展项目。管理者需要定期进行项目评估，以确保项目能够顺利、成功地完成。管理者要在每个阶段[⊖]后期开展审核，以确保适当完成项目的各个阶段。倡导者应该审查项目的时间节点和取得的成果，这样可以保持组织优先事项与项目目标的一致性（Breyfogle，2003）。

因为精益六西格玛项目需要基于数据来决策，所以项目负责人就必须在项

⊖ 这是一个比较低的要求。在许多实施精益六西格玛的大中型企业中，一个绿带项目可节约5万美元或30万元人民币以上。——译者注

⊖ 这里的阶段是指DMAIC中定义、测量、分析、改进和控制各个阶段。——译者注

目执行的各个阶段收集和分析数据，这就要求使用统计软件和计算机。因此，组织需要安装一套Minitab[⊖]或类似的统计软件。如果组织很难获得Minitab软件，甚至可以使用Excel软件做初步统计分析。绿带和黄带需要练习使用可获得的软件。他们可以在测量和分析阶段用Minitab或Excel软件进行精益六西格玛项目的基本统计分析。这包括不同类型的图形分析，如帕累托图、直方图、线框图和相关性和回归等统计分析、假设检验等。

管理层应提供必要的资源（人手或预算）以实施在项目过程中有价值的想法，这可以鼓励人们在组织内参加精益六西格玛活动。

4.3　实施精益六西格玛的路线图

本节将提供一个在组织内实施精益六西格玛的路线图。路线图充当框架和指引以使中小企业通过精益六西格玛提高其流程绩效。精益六西格玛在组织中的广泛实施分四个阶段。这些阶段包括构思、倡导、执行和保持（Kumar，2011）。路线图包括中小型企业部署精益六西格玛的通用步骤。这张路线图帮助组织了解实施精益六西格玛项目所应遵循的步骤。因为在第一年实施时，对组织而言，精益六西格玛是全新的，这张路线图可以作为团队的指导方针。在精益六西格玛实施一年后，团队可根据他们从项目中得到的经验和知识进一步改进这幅路线图。精益六西格玛执行的概念路线图如图4-1所示。

4.3.1　构思

这一阶段包括启动精益六西格玛部署所需基础的筹备阶段。精益六西格玛实施采用自上而下的方法。首先，高层管理者应当评估通过采用精益六西格玛方法论获得竞争优势的紧迫性。高层管理者应该相信实施精益六西格玛的必需性，并且应该率先在企业内部向员工传达实施精益六西格玛的重要意义。

你可以把精益六西格玛方法论用于以下情况：

1）需要解决的关键业务问题或客户要求。

2）以前曾尝试通过运用各种方法解决而没有成功解决的问题。

3）如何解决组织内部因较差的质量而增加成本的问题。

4）需要解决的问题非常复杂，而且组织内的人员对于如何解决这些问题没有任何线索。

5）需要长期、可持续解决方案的问题。

⊖　Minitab软件是现代质量管理统计的领先者，全球六西格玛实施的共同语言，以无可比拟的强大功能和简易的可视化操作深受广大质量学者和统计专家的青睐。——译者注

构思	倡导	执行	保持
确定对精益六西格玛的需要	精益六西格玛项目选择	定义阶段： • 项目章程 • SIPOC • 关键质量特性树形图	控制阶段： • 标准化解决方案 　■ 控制计划 　■ 质量策划 　■ 防错措施 　■ 流程图
资源规划	选择绿带和黄带	测量阶段： • 数据收集计划 • 分析测量系统 • 汇总图形 • 研究稳定性 • 评价基线状态	• 监测结果 • 控制图 • 反应计划
管理层的认可	构建团队	分析阶段： • 过程分析 • 原因和失效分析 • 基于数据的原因验证	• 水平展开 • 评价节约 • 捕捉学习
	开展培训	改进阶段： • 解决方案生成 • 解决方案优化 • 风险分析 • 试验或试点 • 正式执行	• 沟通成功 • 奖励计划

图 4-1 精益六西格玛执行的概念路线图

这一阶段要规划好实施精益六西格玛所需的预算和其他资源，资源缺乏会导致精益六西格玛活动的失败。

4.3.2 倡导

在这一阶段，我们将讨论选择精益六西格玛项目的方式并确定执行该项目所需的资源。应从客户或商业的角度出发选择精益六西格玛项目。被选定的精益六西格玛项目应该会对业务或客户带来正面影响。因此，关键业务流程和关键客户问题应该被选作项目。一旦这些问题得到解决，就会提高客户的满意度，给组织带来巨大的经济利益。因此在选择项目时必须特别小心，错误的项目会导致组织内整个精益六西格玛活动的失败。

对于精益六西格玛的实施而言，另一个重要的方面是组建精益六西格玛项目的团队。在中小企业内，团队通常由绿带和黄带组成。绿带和黄带是从组织中挑选表现最佳的员工，扮演这些角色的最佳人选应具有良好的分析能力、创新思维和领导才能。

管理层最了解组织的优先级，因此最高管理层参与项目选择不可或缺。所有选定的项目必须与管理和业务优先事项保持一致。

4.3.3 执行

精益六西格玛项目由团队按照 DMAIC 方法论开展执行。在 DMAIC 的每个阶段，团队有具体的活动要完成。在 DMAIC 的定义、测量、分析和改进阶段，团队关注流程的改进；而在控制阶段，团队侧重于所取得成果的可持续性。根据所处理问题的类型和复杂性，团队需要针对每个项目的分析和决策采用不同类型的工具和技术，在执行阶段则执行项目的定义、测量、分析和改进。

1) 定义阶段的目的是借助所有必要的细节定义一个项目。这一阶段开始于为选定的项目准备项目章程。一旦定义阶段完成，章程就能为团队提供关于项目的目标、范围、缺陷定义等方面良好的清晰度。在项目执行阶段，这是一个重要的步骤。如果这一阶段不被妥善解决，则可能会导致项目失败。

2) 在测量阶段，需要评估流程的基线（当前）性能。因此，项目组需要收集所有关键质量特性（CTQ）的数据以及需要评估的基线状态。测量阶段的输出是以六西格玛水平计算的、代表流程性能的关键质量特性。

3) 精益六西格玛项目分析阶段的目标是研究流程的细节，以查明问题的根源。广义而言，在此阶段大致有两种类型的分析：一个是"流程门"分析，另一个是"数据门"分析。流程门详细研究现有流程；数据门收集各种潜在的原因数据，并进行统计分析。分析阶段的输出是确定根本原因的列表。已查明的根本原因可以来源于流程门分析或数据门分析。

4) 在改进阶段，项目组为所选定的根本原因找到解决办法，并改进实施流程。因此，在改进阶段接近尾声时，解决方案得以实施，大家可以观测到明显成效。本书第 6 章将提供这些阶段的细枝末节。

4.3.4 保持

任何流程改进活动的最大挑战都是所取得成果的可持续性。中小企业面临不少挑战，例如员工的高流失率、熟练劳动力和高度自动化机器的缺乏等。在中小企业环境下，即使精益六西格玛项目完成后具有良好的结果，长期保持这些成果也会极为困难。

可以主要通过标准化、监测和培训这三项重大行动来实现结果的可持续性。为了对改进后的流程实施标准化，项目组可以使用一些工具，如控制计划、质量计划、防错、改进后流程的流程图等。如果组织通过了国际标准化组织（ISO）的认证，就可以把所有修改过和新编制的文件导入至"文控系统"。这样可以确保每个人都遵循改进的流程。项目组通过每个关键质量特性的控制图监测是否取得成果。根据数据的类型，可以使用不同的控制图，如 $\overline{X}\text{-}R$ 图、P 图或 U 图进行流程监测。此外，项目组可以编写对策计划，描述在出现某些差错时应如何应对。

项目组应该编写涵盖所有精益六西格玛成功经验的报告并在组织内分享，可以通过内部演示、消息通报或内联网等进行沟通。通过适度的奖励计划激励员工也是精益六西格玛执行中的重要环节。这可以创建一种内生式的动力，激励员工从事越来越多的项目执行。在精益六西格玛方法论中，保持部分包含在 DMAIC 的控制阶段。本书的第 6 章中有关于控制阶段的详细讨论。

4.4 管理启示

一方面，一个精心规划的精益六西格玛实施不但可以为参与者带来有益的经验而且给组织带来巨大效益。另一方面，一个失败的项目实施可能会导致令人失望的结果——所有努力前功尽弃，造成时间和资源的浪费（Gijo，2011）。精益六西格玛活动的失败可能从项目选择和团队建立阶段开始。如果没有为正确的项目挑选一个执行力强的团队，项目就可能失败。缺乏培训和缺少资源也可能导致失败。由于组织中的高流失率，已取得成果的可持续性也将面临压力（Gijo et al.，2005）。

成功避免精益六西格玛执行过程中这些常见的错误和缺点会为组织带来长期的利益，同时使其加速成为行业中的最优企业。精益六西格玛成功的关键是及早发现这些挑战，并及时采取纠正措施。在问题成为挑战前得到解决，这将有助于实施精益六西格玛，从而尽早产生收益。如果负责任的职业人士有意识地避免潜在的缺点，则精益六西格玛项目可以持续多年的成功。

4.5 总结

这一章给读者提供了精益六西格玛在中小企业成功实施的准备要素、基础需求和路线图，帮助组织了解实施精益六西格玛所需的资源。本章提供了项目实施所需每个步骤的路线图，详细列出了开展精益六西格玛项目时每个阶段需要经历的步骤。本章也讨论了保持改进成功的顺序，包括对已改进流程的标准化步骤，以及监测已取得的成果。对精益六西格玛成功开展至关重要的因素是管理者的支持、全员参与，以及提供必要的资源支持，包括人员培训。对于一个组织的精益六西格玛实施过程而言，对成功团队的奖励和认可也是不可或缺的。因此，这一章可以用于中小企业检查其是否已经做好了实施精益六西格玛的准备工作。

参考文献

Antony, J. (2014). Readiness factors for the Lean Six Sigma journey in the higher education sector. *International Journal of Productivity and Performance Management* 63(2): 257–264.

Breyfogle, III F. W. (2003). *Implementing Six Sigma: Smarter Solutions Using Statistical Methods*. New York: John Wiley.

Gijo, E. V. (2011). Eleven ways to sink your Six Sigma project. *Six Sigma Forum Magazine* 11(1): 27–29.

Gijo, E. V. and Rao, T. S. (2005). Six Sigma implementation: Hurdles and more hurdles. *Total Quality Management & Business Excellence* 16(6): 721–725.

Kumar, M., Antony, J. and Tiwari, M. K. (2011). Six Sigma implementation framework for SMEs: A road map to manage and sustain the change. *International Journal of Production Research* 49(18): 5449–5467.

Lim, S. A. H., Antony, J., Garza-Reyes, J. A. and Arshed, N. (2015). Towards a conceptual road map for statistical process control implementation in the food industry. *Trends in Food Science & Technology* 44: 117–129.

第 5 章

精益和六西格玛的评估指标

5.1 概述

精益六西格玛可以助力现代制造型和服务型中小企业创造和保持竞争优势。来自不同组织的观察表明，精益六西格玛战略有利于企业改善产品质量，提升生产效率，提高产品和服务的一致性，以及降低和消除流程中不同类型的浪费。精益六西格玛从精益维度和减少缺陷的角度，整合了减少浪费和价值改进的工具，并且得到了从六西格玛维度上改善质量的工具（Devadasan et al., 2012）。在这种情况下，需要适当的精益和六西格玛指标来评估绩效改进。此外，这样的衡量指标可以作为改善现代企业的业务流程性能的基准数据。精益六西格玛强调测量与评价流程性能结果。选择与使用合适的指标有助于组织在精益六西格玛项目中识别并确认问题，评估潜在的改进措施和选择行动计划，建立流程的基准数据，沟通改进结果及持续监测精益六西格玛项目的实施。

评估精益的指标包括客户价值、过程流、浪费（8种形式）、活动（增值、非增值、必要但非增值）、一次质量合格率、节拍时间、交货时间、周转时间和换模时间。评估六西格玛的指标包括百万机会缺陷数（DPMO）、西格玛质量水平、直通率、产量、质量成本（COPQ）和过程能力指数（PCI）。此外，精益六西格玛的常见性能指标是基于时间、成本、质量和产量，以及成本节约、利润率、投资回报率（ROI）、市场的增长情况、营业收入的增长情况、员工的士气等。这一章将介绍这些评估指标的详细信息和一些典型事例。

5.2 精益常用指标

5.2.1 价值

价值被定义为客户愿意为之付费的过程或行动。丰田的 14 条管理原则给出的价值定义是客户定义的产品质量或服务质量。此外，在客户看来，价值支配了产品或服务的转型，激发了支付的意愿。

沃麦克（Womack）和琼斯（Jones）把价值定义为：在正确的时间为客户提供由客户在特定情况下确定价格的能力。两人还强调精益思想的出发点是价值，而价值只能由最终客户来决定。他们还认为价值是以产品为导向的，只有在表示为特定产品时才有意义。

每个产品或服务都有价值，增值活动发生于每个阶段。原材料的价值在每个阶段均获得增加，直至成为产品价值。产品或服务的价值最终是由客户愿意支付的价格来决定的。客户希望在有竞争力价格的前提下获取最大价值（Gopala-krishnan，2010）。

5.2.2 客户价值

流程中每个活动产生的费用都由客户支付，因此客户的最终目标是物有所值。清楚了解客户的要求是进行一切持续改善活动的前提。因此，在开发产品或服务之前，产品或服务设计师需要了解哪些产品或服务的功能、特性能够为客户增加价值。浪费从客户的角度来说没有增值，所以需要减少甚至消除各种形式的浪费。为了洞若观火地了解客户需求，我们需要组建由来自不同部门管理者组成的跨职能团队，以清楚地了解客户的期望。价值与产品的成本相关。建议通过研究流程、消除显而易见的浪费来制定目标成本。此外，不应将成本与竞争对手的价格做比较。消除非增值的活动，以降低成本显得尤为重要。对客户来说，一种产品或服务的增值仅仅在其能满足客户已知的和感知的要求时才能得以实现。

5.2.3 创造价值

精益原则强调从以下几方面来创造价值：从客户的角度出发来确定价值；从满足客户需求的角度出发设计产品；通过流程图确定价值流；通过加强过程能力改进价值流；重组创造价值的步骤；创建具有过程能力的流动；创建材料、部件和信息的拉动系统；不断改进价值链。

5.2.4 流动

这里的流动主要是指原材料或信息的移动。

5.2.5 价值流

1）价值流是指从始至终，期间有成本投入和价值创造的一系列过程。

2）价值流表示开发一种产品或服务所需的所有活动。

3）贯穿于价值流的所有流程必须顺畅而且没有任何瓶颈。价值流中的瓶颈表明存在浪费，需要加以解决。所有与流程相关的人员都参与进来，才能确保价值流畅通。

5.2.6 价值流动

价值流动是指采用基于客户需求的价值流生产的产品或提供的服务。

5.2.7 浪费

在精益思想中，浪费意味着无法得到收益的工作。价值流中不增加价值的成本或者时间就是浪费。

精益强调持续改善的精神，重点是消除在核心和支持业务流程中的浪费和非增值活动。我们把浪费定义为任何不增值的操作、步骤或活动部分（Tapping et al., 2002）。减少浪费的措施包括停止生产有缺陷的产品，整合具有相似属性的过程，消除不必要的流程、程序或步骤，以及减少材料、零件和人的等待时间等。

根据丰田生产系统（TPS），浪费分为以下三种不同形式：

1）由于变化或不均衡导致的浪费（Mura）。

2）超负荷引起的浪费（Muri）。

3）其他浪费（Muda）。

此外，Muda 分为两个不同的类别，即类型 1 Muda 和类型 2 Muda：

① 类型 1 Muda：这些活动（浪费）不增值，但是对于保证系统或流程的正常运营又是必要的。这种类型的浪费可以减至最少，但不一定能完全消除。

② 类型 2 Muda：这些都是不能增加价值的活动，对系统或过程来说也是不必要的，必须立即采取措施消除这种类型的浪费。

以下是与精益生产系统（LPS）最相关和常见的各种形式的浪费：

1）运输。运输是物料从一个位置到另一个位置的运动，这被认为是一种浪费，因为它不会对产品产生任何附加值。造成过量运输的原因是不合理的工厂布局、复杂的物料处理系统、较多的存储地点和较大的批量。通过设计从原材料到成品的线性流，使用设施规划技术构建适当的布局、单件流、信号板和彩色线条，可以消除这种浪费。

2）库存。当时不需要的物料储备，包括原材料、在制品（WIP）和产成品，即被认为是浪费。因为过量的物料需要储存空间以及储存成本，库存占用了运营资本和存储空间。这种形式的浪费可以应用准时制（JIT）、单件流、价值流图（VSM）、以 IT 为基础的自动生产控制，以及消除生产中的缓冲区来实现。

3）动作。人、机器或材料为完成作业而在工作站间移动被认为是另一种形式的浪费。这种浪费可以通过以下方法解决：开展 5S 实践活动以创建一个更为井然有序的工作场所；通过标签、顺序板、看板、标准化作业、适当的材料处理系统，按照制造工艺安排设备，以避免不必要的动作。

4）等待。因两个相互关联的过程不完全同步而产生的停工时间被认为是等待。等待被视为浪费，因为它扰乱了流动。这种浪费是由不良的人机定位、换模时间较长和不恰当的生产计划而造成的。它可以通过采用标准化作业指导书、5S、快速换模⊖（SMED）、目视化控制和连续流原则来加以消除。

5）过量生产。这是在客户有需要前生产产品而产生的浪费。过量生产导致过量库存，因而增加了储存成本。它是由不当的预测和不准确的实际需求信息引起的，导致人员和财务的浪费。我们可以通过建立拉式生产系统、看板和分析材料和操作流的价值流程图，创建供求平衡和使用 IT 系统来消除这类浪费。

6）过度加工。过度加工是指超出客户要求的额外工作。它是由生产流程未标准化和产品规格不清楚引起的。可以通过改善活动，如比较客户需求和生产要求，合理的工艺设计、防错、智能加工和顺序板来消除此种浪费。

7）缺陷。这是指生产中被视为废料或需要返工的产品数。缺陷是由培训不足、操作员错误以及设备故障引起的。缺陷可以通过应用防错原则、进行原因分析、正确地沟通、按标准化作业创建工作指令和进行有效的培训来加以消除。

8）未能有效地使用员工专长。这种浪费是最近定义的，但它在许多服务和公共部门组织中获得了越来越高的认知度。现代组织认识到员工是其主要的资产之一。当员工的想法和创意不被认可，对组织而言这就是一种浪费。然而，这种浪费可以通过鼓励员工提出他们的想法和激发员工的创造力得到改善。

表 5-1 提出了在 LPS 中所有类别的浪费示例。

表 5-1　8 种浪费的示例

浪费类型	示例
运输	• 物料转移 • 多次处理
库存	• 过多的安全库存 • 过多的库存（原材料、半成品、成品） • 滞销货品

⊖ 快速换模（SMED）也被称为六十秒即时换模（Single Minute Exchange of Die），是由新乡重夫（Shigeo Shingo）首创的一种快速且有效的切换方法。更多内容请阅读新乡重夫的成名作《以工业工程的视角考察丰田生产方式》。——译者注

(续)

浪费类型	示例
动作	• 不必要的工人移动 • 不恰当的车间流程规划或布局
等待	• 缓慢的节奏 • 过多插单 • 推迟交付 • 没有可用的物料
过量生产	• 生产的比需要的多 • 提前交货
过度加工	• 不恰当的加工步骤 • 过多的书面资料
缺陷	• 不符合规格要求 • 报废 • 返工
未能有效使用员工专长	• 拒绝员工的建议 • 不鼓励员工的创造力

资料来源：Kavanagh, S. and Krings, D. (2011), *Government Finance Review* 27 (6-18).

5.2.8 增值活动

增值活动是指提升产品价值的活动和客户愿意付钱的活动，也被定义为更改产品形状或特征，或从现有形状装配为成品的活动。从客户角度来看，在生产或服务的过程中，任何提升了产品或服务价值的部分都是增值活动。

只有同时满足以下三个标准的活动才能称为增值活动：
1）该活动必须实现一个物品的转型，并使其接近完成。
2）该活动必须第一次就做对且没有任何返工。
3）客户愿意为该活动付钱。

5.2.9 非增值活动

非增值活动指的是对产品或服务不增加价值的活动。客户不愿意为这些活动买单。非增值活动增加了产品的生产时间，而没有提高产品价值。

组织必须采取必要的措施努力减少系统中非增值的活动，把节省的时间用于其他改善活动。下面思考一个关于检验的例子，检验虽然不对产品产生直接的价值，但它是必要的，除非流程中采用了自动检查程序。表5-2列出了一些常见的增值活动和非增值活动的实例。

表 5-2 增值活动和非增值活动的实例

增值活动	非增值活动
直接加工	不合格品返工
零配件装配	产品检验
准备工程图样	产品重新测试

5.2.10 一次质量合格率

精益的一个衡量标准是产品不需要任何检验或返修，一次性做好。这是精益生产系统中一个极其重要的评估指标。

5.2.11 一次质量合格率的计算

制作一个零件消耗 1min。这个零件的一次质量合格率是 90%（或者可以说有 10% 不合格）。典型的每工日上班时间是 8h=480min。430min/班次的可用时间是 480min 减去两个 10min 的茶歇和 30min 的午餐休息时间。一条装配线的生产周期是 1min 完成一个零件，每班能生产 430 件产品，一次质量合格率为 90%，即实际上每班生产 387 个产品。这个质量水平或质量缺失导致损失了现有产能中的 43min。

5.2.12 周期时间

周期时间是指完成某项任务，并可用于执行后续步骤的实际时间。精益原则的主要目标之一是周期时间与节拍时间的匹配。周期时间是一个产品离开某个过程到下个产品进入同一过程之间的间隔时间。

5.2.13 节拍时间

- 节拍时间是客户期待组织制造产品的速度，即每天的订单数量与可用工作时间之比。
- 节拍时间是为了满足客户需求而开展活动所需的时间。
- 节拍时间是组织必须制造产品来满足客户需求的速度，意味着制造速度与销售速度同步。为了使生产和需求之间同步，节拍时间需要根据订单量的增加或减少进行相应的调整。

5.2.14 交货时间

交货时间指的是一种产品从订单生成到完成交货，贯穿整个价值流所花费的时间。

5.2.15 换模时间

换模是指生产线或机器从生产一种产品切换到生产另一种产品。换模时间是指从生产一种产品切换到生产另一种产品的过程所花费的时间。换模时间涵盖更换工装夹具、程序和初始设置的所有时间。

- 换模时间是从一种产品型号切换到另一种产品型号所花费的修改设置时间。
- 换模时间包括完成换模过程实际可用的时间。
- 换模时间是从制造一种产品类型切换成制造另一种产品类型所需的时间。

5.2.16 工作案例

案例 1

一家制造型工厂，工作分班倒，每班工作 8.5h，30min 午餐休息时间。在上班和下班时，工人们还各有 10min 的打扫卫生时间，另外还有 10min 的喝茶休息时间。

计算节拍时间：

$$总可用时间 = 510min$$
$$可用生产时间（AT）= 450min$$
$$客户需求（CD）= 200 件/天$$
$$节拍时间 = AT/CD = 450min/200 件 = 2.25min/件$$

如果生产中所有过程每一步骤的周期时间都等于节拍时间，就能毫无延误地满足客户需求。

案例 2

原材料需经过三个不同的过程（见图 5-1）才能转化为成品。CT_1、CT_2、CT_3 分别表示过程 1、过程 2 和过程 3 的生产周期时间。

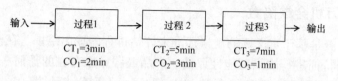

图 5-1 交货时间计算

节拍时间：在这里过程 1 的周期时间为 3min。这意味着完成过程 1 所需的总时间是 3min。

交货时间：在上述案例中，交货时间是 15min（过程 1、过程 2 和过程 3 时间周期的总和)。

案例 3

A 公司制造潜水泵,有五道工序(定子装配、电动机装配、泵装配、测试、包装和检查)。图 5-2 介绍了每道工序的时间周期。该公司每天工作 8h (480min),每天有 30min 的午餐休息时间和两次 10min 的茶歇。每天任务是生产 50 台潜水泵。

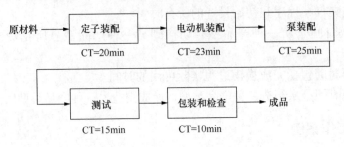

图 5-2 交货时间和节拍时间的计算

从给定的数据获得:

AT=480min−(30min+10min+10min)=430min

交货时间 =20min+23min+25min+15min+10min=93min

$$节拍时间 = \frac{AT}{日常需求} = \frac{430min}{50台} = 8.6min/台$$

这意味着,该公司要每 8.6min 生产一台潜水泵才能满足客户需求。

5.3 六西格玛常用指标

六西格玛最常用的指标是百万机会缺陷数(DPMO)、西格玛质量水平、直通率、COPQ 和 PCI。对于任何关键质量特性,可以用收集到的过程数据来计算和评估这些关键质量指标。

5.3.1 百万机会缺陷数

质量检查是基于定义好的规格标准来评估过程的输出结果。在检查过程中,要对每一个特征进行缺陷可能性评估。产品或服务中存在的任何一个与规范不符处都被定义为缺陷。缺陷机会率(DPO)可由下列公式计算:

$$缺陷机会率 = \frac{总的缺陷数}{总的机会数量}$$

在此基础上,百万机会缺陷数(DPMO)可以通过公式 $DPMO = DPO \times 10^6$ 计算。这个指标用以检测 100 万个机会中发生缺陷的次数。

案例

供应商交付了 20000 件产品，按照抽样计划对其中 5% 的产品进行检查，每个产品检查 5 个质量标准，在检查中共发现了 100 个缺陷。这一过程的百万机会缺陷数可以按如下方法计算：

在案例中，由于对 5 个质量标准进行了检查，那么每个产品中的缺陷机会是 5 次。20000 件中有 5% 的产品接受检查，则抽取样本数量就是 1000 件。

总的机会缺陷数是 $1000 \times 5 = 5000$，那么，

$$DPO = 100/5000 = 0.02$$

$$DPMO = DPO \times 10^6 = 0.02 \times 10^6 = 20000$$

5.3.2 西格玛质量水平

西格玛质量水平或西格玛评级是六西格玛方法论中常用的质量标准。西格玛评级不仅可以帮助我们评估某个过程的绩效，还通过统一的标准帮助我们比较不同类型的过程绩效。

使用过程的内在变化确定西格玛值（假设均值为目标中心）时，它被称为短期西格玛，用 Z_{ST} 表示，这是该过程能够达到的最佳性能。在一段时间内，由于各种输入的变异进入过程中，使得过程满足特定要求的能力减弱。于是，我们需要一个反映过程在一段时间内过程变异时仍然能满足要求能力的西格玛，我们将其称为长期的西格玛，用 Z_{LT} 表示。通常情况下，短期西格玛高于长期西格玛。

如果未规定变化，则 $Z_{ST}=Z_{LT}+Z_{SHIFT}$。从总体长期情况来看，一般假定 Z_{SHIFT} 是 1.5，则 $Z_{ST}=Z_{LT}+1.5$。Z_{LT} 的值可以由基于过程数据的标准正态分布得出。短期的西格玛 Z_{ST} 是大家熟知的西格玛等级。六西格玛表明 DPMO 为 3.4。表 5-3 是西格玛等级和 DPMO 对照表。

表 5-3 西格玛等级和 DPMO 对照表

西格玛等级	DPMO
1	691462
2	308537
3	66807
4	6210
5	233
6	3.4

5.3.3 直通率

直通率被定义为单个零件通过一系列的过程步骤无缺陷的概率。若要计算多过程的直通率,首先计算每一个子过程的一次合格率。直通率是每个子过程一次合格率的乘积。例如,考虑一个由三个阶段组成的过程。第一阶段输入100个产品,经过加工有97合格产品。接着这些零件顺次在第二和第三阶段加工,分别有96个和91个合格产品(图5-3)。

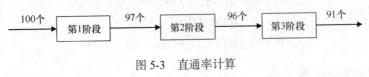

图5-3 直通率计算

直通率=97个/100个×96个/97个×91个/96个=0.91,直通率小于各个阶段最小合格品率。

5.3.4 质量成本

质量成本(COPQ)是第一次没有做正确的而带来的成本。换句话说,它是与第一次不能满足客户需求相关的成本。质量成本已被广泛用于许多组织中,作为确定和优先解决问题的有效工具。一般来说,质量成本按照占组织销售收入的百分比计算。制造业中,质量成本占销售额的25%,在服务业中,其占比接近销售额的40%。这个预测主要基于四大部分:内部质量成本、外部质量成本、鉴定成本和预防成本。

1)内部质量成本。内部质量成本是指生产出不符合规定要求的产品、组件、材料或提供不合格服务的成本。内部质量问题是在产品发货给客户前被发现的。内部质量成本的主要类别有返工、报废、复检、停机时间、产量损失、组件和产品降级处理等。

2)外部质量成本。这是指产品或服务在交付给客户后发生的与质量相关的成本,包括保修、返回产品、召回、商誉的损失、损害品牌形象或公司声誉等的费用。

3)鉴定成本。鉴定成本是指测量、评价或检查产品和组件以确保其质量符合规定要求的成本。这些成本包括与产品检验、测试相关的费用,以及仪器维修和校准、与产品寿命测试相关的成本等。

4)预防成本。预防成本是指防止那些与产品、服务设计和制造相关的缺陷发生的成本。通常,这些都是与把事情"第一次做对"相关的成本,主要包括产品和过程设计、过程控制、培训、数据收集和分析、发展质量管理体系标准等成本。

案例 1

在某个典型月份，一家制造公司确认并报告以下质量成本：

检验工资	12000 美元
质量规划	4000 美元
成品测试	110000 美元
复检和故障排除	39000 美元
现场保修成本	205000 美元
工厂内报废和返工	88000 美元

这个月的总质量成本是多少？

总的质量成本是内部和外部质量成本的总和。在上面的例子中，内部质量成本包括复检和故障排除以及工厂内报废和返工的成本；而现场保修成本是典型的外部质量成本。总的质量成本 =39000 美元 +205000 美元 +88000 美元 = 332000 美元。

案例 2

一家公司在上个月发生了以下质量费用：

评价成品	50000 美元
质量审核培训	10000 美元
可制造性研究	1000 美元
成品返修	5000 美元
过程能力研究	30000 美元

这家公司的预防成本是多少？

上述案例中的预防成本包括质量审核培训、可制造性研究和过程能力研究的成本。因此，这个案例总的预防成本为 =10000 美元 +1000 美元 +30000 美元 = 41000 美元。

5.3.5 过程能力指数

任何流程的输出都会有误差，通常对产品规格设有误差上下限，如果流程输出的测量结果超过指定的范围，说明该流程已经产生不合格品。过程能力用来衡量既定的流程与客户要求的规格的符合程度。用 PCI 来评估流程与客户要求的规格的符合程度，最常用的过程能力指数是 C_p 和 C_{pk}。计算 C_p 和 C_{pk} 的前提之一是过程处于统计控制状态。

C_p 表明在规格界限内过程如何分布，简而言之就是规格范围与过程范围的比率，C_p 一般用来表示过程的潜在能力。对于任何具有规格上限（USL）、规格下限（LSL）和标准偏差 σ 的过程，C_p 定义为

$$C_p = \frac{USL - LSL}{6\sigma} \tag{5.1}$$

C_p 并没有考虑过程在规格范围内如何围绕中心进行分布,因而较高的过程 C_p 仍然可能存在很多不合格品。解决这个问题的办法是引入另一个指数 C_{pk}。C_{pk} 由下面的公式计算,其中 $\overline{X}$ 是收集数据的平均值。C_{pk} 既评估过程的实际能力,也评估过程中心偏移和过程变异。

$$C_{pk} = \text{Min}\left\{\frac{USL - \overline{X}}{3\sigma}, \frac{\overline{X} - LSL}{3\sigma}\right\} \tag{5.2}$$

高的 C_p 和 C_{pk} 值表明过程的变异较低且没有过程偏移。我们建议 C_p 和 C_{pk} 值必须大于 1。然而,在现实生活中,这些值会由于时间关系导致过程偏移而发生变化。如果一个过程的 C_p 和 C_{pk} 值都为 2,则过程中不存在平均值的偏移。然而,随着 1.5 西格玛的偏移,$C_p=2$,但 $C_{pk}=1.5$。如果 C_p 和 C_{pk} 值是相同的,我们可以认为过程是以平均值为中心的。

案例 1

40 个球轴承样品平均直径为 0.7346in[⊖],标准差为 0.0049in。如果质量规格要求是 0.734in ± 0.02in,计算它们的 C_p 和 C_{pk} 值。

$$C_p = \frac{0.754\text{in} - 0.714\text{in}}{6 \times 0.0049\text{in}} = 1.36$$

$$C_{pk} = \text{Min}\left\{\frac{0.754 - 0.7346}{3 \times 0.0049}, \frac{0.7346 - 0.714}{3 \times 0.0049}\right\} = \text{Min}\{1.32, 1.4\} = 1.32$$

由于 C_p 和 C_{pk} 值很接近,我们可以断定该生产过程以平均值为中心。此外,生产过程能够满足产品规格要求。

案例 2

一家制药公司生产维生素胶囊,要求钙的含量介于 40×10^{-6} 和 55×10^{-6} 之间。随机抽取 20 个胶囊,样本的钙含量均值为 44×10^{-6},标准差为 3×10^{-6}。对过程能力进行评估。

$$C_p = \frac{55 \times 10^{-6} - 40 \times 10^{-6}}{6 \times 3 \times 10^{-6}} = 0.833$$

$$C_{pk} = \text{Min}\left\{\frac{55 \times 10^{-6} - 44 \times 10^{-6}}{3 \times 3 \times 10^{-6}}, \frac{44 \times 10^{-6} - 40 \times 10^{-6}}{3 \times 3 \times 10^{-6}}\right\} = \text{Min}\{1.22, 0.44\} = 0.44$$

[⊖] 1in=2.54cm。

在这个案例中，过程分布不以规格为中心，而且 C_p 和 C_{pk} 的值明显不同。C_p 和 C_{pk} 的值都小于 1。因此，可以得出结论，这个过程不能满足质量规格要求。应该检查减少过程偏差的可能性，并尝试确定影响过程均值的工艺参数，以便于微调至目标值（规格中值 47.5×10^{-6}）。

过程性能指数

汽车工业行动集团（AIAG）建议仅在过程是稳定的时候使用过程能力指数 C_p 和 C_{pk}。并建议在过程不稳定时使用过程性能指数 P_p 和 P_{pk}。P 和 P_{pk} 定义如下：

$$P_p = \frac{\text{USL}-\text{LSL}}{6s} \quad (5.3)$$

$$P_{pk} = \text{Min}\left\{\frac{\text{USL}-\overline{X}}{3s}, \frac{\overline{X}-\text{LSL}}{3s}\right\} \quad (5.4)$$

其中，s 是样本偏差，可以使用以下公式计算：

$$s = \sqrt{\frac{\sum_{i=1}^{n}(x_i-\overline{x})^2}{n-1}} \quad (5.5)$$

5.4 精益六西格玛指标

精益六西格玛项目应选用合适的指标来衡量过程和项目的成果。在项目执行过程中，发现改进机会并监测变化。这些衡量指标将有助于查明浪费和变异的根源，以及确定问题的根本原因。业务提升策略侧重于关键改善措施的甄别，并部署合理的资源、工具和方法加以执行。挑选合适的业绩衡量指标会有助于改善业务，衡量指标可依据项目的目标挑选。衡量指标分为四大类：时间、成本、质量和产出。时间指标包括交货时间、周期时间、节拍时间、响应时间、活动比率、准时交货率、增值时间和非增值时间；成本指标包括全过程成本、节省成本、节约人工成本等；质量指标包括客户满意度、缺陷率、一次通过率、过程能力指数、质量成本等；产出指标包括生产、在制品和库存。其他指标包括对利润的影响、利润率、投资回报率、市场增长率、营业收入增长率等。这些措施需要在实施精益六西格玛试点项目后再评估。衡量指标也可根据组织的驱动因素分为成本、质量和交货三大类。同时，衡量指标也可基于流程和组织的维度来分类。衡量指标是量化和实施改善机会的基础。衡量指标也用来评估潜在的过程改善，对合适的行动进行优先排序。通过衡量指标建立起过程改善的基准数据，并在改善结束后，对照衡量指标沟通实施精益六西格玛的成果。

5.5 设备综合效率

5.5.1 为什么需要设备综合效率

设备综合效率（OEE）能够帮助组织。

1）确定最佳途径来监控和改善生产过程的效率。

2）考虑生产过程中的各种子参数：可用性、性能和质量。将三个因素相乘，得出一个百分比。

3）在精益生产和全面生产维护（TPM）中，OEE是一个重要的指标。要建立一个生产绩效评估的整体框架来保证TPM和其他措施的有效性。

OEE的定义不考虑所有降低产能利用率的因素，比如计划停机时间、缺少原材料的投入、缺少劳动力等（Nakaiima，1988）。全面生产维护描述了生产与维护之间的关系，以确保在生产质量、操作效率、产能、质量保证和安全方面全方位地开展持续改善。

Nakaiima（1988）强调OEE计算是分析制造系统效率的一个有效方法，因为OEE是表达可用性、性能效率和质量的综合函数。设备故障会造成可用率损失，生产停线会造成性能损失，产品的拒收会造成质量损失。

在计算OEE的时候，需要考虑三种类型的损失。它们是故障损失、速度损失和质量损失。世界级组织的OEE必须是大于85%的；在制造型工厂，设备的OEE为60%（Ahuja et al.，2008）。

5.5.2 可用性

比较生产产品或者提供服务的潜在时间和实际时间是非常必要的。可用性考虑到故障损失，包括导致在计划时间内无法完成所涉及的事件和活动，如设备故障、小停顿、设备失效、缺料和换线。换模时间在OEE计算中是典型的停机时间。我们不能完全消除但在大多数的情况下可以减少换模时间，比如使用快速换模工具。所剩余的有效时间称为作业时间。可用性的计算公式为

$$可用性 = \frac{作业时间}{计划生产时间} \times 100\% \tag{5.6}$$

5.5.3 绩效表现（利用率或速度）

绩效表现是指在相同时间内生产速度或实际输出与系统原本设计的生产速度或输出之间的对比。绩效表现用来考察因为产能速度问题而带来的损失，包括那些使得生产速度以低于最大可能速度来作业的因素。例如空载、机械磨损以及员工生产效率低。剩余的可用时间被称为净生产时间。

$$利用率 = \frac{实际时间}{最大运行时间} \times 100\% \tag{5.7}$$

$$速度 = \frac{实际速度}{最优速度} \times 100\% \tag{5.8}$$

5.5.4 产出比（质量）

产出比是对比输入过程的原材料数量以及所产出的符合客户规范的产品或服务数量。质量损失包括没有满足质量标准生产的产品带来的损失，以及那些需要返工的产品带来的损失。表 5-4 展示了 OEE 损失、驱动因素和计算方式。

$$产出比 = \frac{实际产出 - 缺陷}{实际输入} \times 100\% \tag{5.9}$$

表 5-4　OEE 损失、驱动因素和计算方式

OEE 损失	OEE 的驱动因素	计算	要求
故障时间损失	可用性	运营时间与额定操作时间之比	运行过程必须没有任何停顿
速度损失	性能	运行时间内实际输出与最大输出之比	过程必须按最大理论速度运行
质量损失	质量	合格产品数与所有产品数之比	不可有返工或退回的产品

5.5.5 六大损失

在制造过程中效率的损失主要分为六大损失。OEE 和 TPM 的应用可以降低或者消除造成设备使用效率低下的六大损失。六大损失为（Dal et al., 2000）：

1）故障。故障造成的损失主要是由于设备缺陷，其结果为制造速度降低。故障导致输出减少。主要原因包括设备故障、模具故障和计划外的维修。如果

按照特定的工作状况对生产设备和工具实施定期维护，就可以避免产生这类损失。

2）设置及调整。这是指由改变操作条件，比如换模、模具安装和进行试错调整等带来的损失。其导致的结果是在换模初期调试上花费更多时间。我们把这些定义为停机时间。它可以通过开展减少停机时间的项目来改善。

3）小停顿。这主要是由设备空转引起的。导致小停顿的原因包括原料供给不良、部件卡顿和产品流中断。由于产品流被打断，小停顿被归类为速度损失。小停顿只包括小于 9min 的停顿且不需要维修人员来解决的问题。

4）速度降低。这种损失包括设备速度低以及设备理论速度和实际速度之间的差异，建议按其理论速度运行设备。在高速生产时，质量缺陷和小停顿会频繁发生，因此要求在更低的、中等的速度下运行设备。你可以通过比较理论速度和实际速度的差异来计算速度损失。

5）启动阶段的不合格品。这种损失来自制造早期阶段产生的缺陷产品，这些产品必须返工或者报废，因此这种损失被归类为质量损失。可以通过合格产品和产品总数之比进行测量。

6）生产过程中的不合格品。这是指在稳定生产阶段所产生的不合格品。因为需要返工，这种损失被归类为质量损失。

5.5.6 计算设备综合效率

可以利用生产的可用性、绩效表现和质量来计算 OEE（Kwon et al., 2004）。

5.5.6.1 可用性

可用性作为测量停机时间损失的指标，计算如下：

$$可用性 = \frac{作业时间}{计划生产时间} \tag{5.10}$$

5.5.6.2 绩效表现

绩效表现作为测量生产速度损失的指标，计算如下：

$$绩效表现 = \frac{所有生产件数 / 作业时间}{理想运行速度} \tag{5.11}$$

5.5.6.3 质量

质量作为测量质量损失的指标，计算如下：

$$质量 = \frac{合格品数}{产品总数} \tag{5.12}$$

5.5.6.4 OEE

OEE 可根据产品的可用性、绩效表现和质量来计算:

$$设备综合效率 = 可用性 \times 绩效表现 \times 质量 \quad (5.13)$$

5.5.6.5 实例

表 5-5 列出了计算 OEE 所需的数据因素:可用性、绩效表现和质量。

表 5-5 用于计算 OEE 的数据

参 数	数 据
班次时间长度	8h=480min
短暂的休息	2 次,每次 10min=20min
午餐休息	1 次,30min=30min
停机时间	45min
理想运行速度	70 片/min
所有产品数量	20000 片
拒收产品数量	400 片

在整个计算过程中,我们必须保证测量单位一致。

计划生产时间 = 班次时间长度 − 休息时间 =480min−2×10min−30min=430min
作业时间 = 计划生产时间 − 停机时间 =430min−45min=385min
合格品数量 = 所有产品数量 − 拒收数量 =20000 片 −400 片 =19600 片
OEE= 可用性 × 绩效表现 × 质量 =0.8953×0.7421×0.98=0.6511
设备综合效率≈ 65%

虽然质量方面表现良好,但是在可用性和绩效表现方面还有进一步改善的空间,可以来提高设备的综合效率。

5.6 总结

本章为中小企业介绍了如何应用精益六西格玛性能指标进行管理及相应的益处。阐述了选择精益六西格玛指标的指导方针,包括使用指标的目的,例如适当应用有限的指标而不是过多的指标,以及关注流程中的所有利益相关人员。精益通用指标包括节拍时间、周期时间、交货时间、换模时间等。六西格玛的常见指标包括百万机会缺陷数、西格玛质量水平、直通率、质量成本,以及过程能力指数法。在本章,我们也介绍了精益六西格玛的通用指标,特别是财务指标。我们还用实例帮助读者更好地理解设备综合效率的重要性。

参考文献

Ahuja, I. P. S. and Khamba, J. S. (2008). An evaluation of TPM initiatives in Indian industry for enhanced manufacturing performance. *International Journal of Quality and Reliability Management* 25(2): 147–172.

Dal, B., Tugwell, P. and Greatbanks, R. (2000). Overall equipment effectiveness as a measure of operational improvement: A practical analysis. *International Journal of Operations and Production Management* 20(12): 1488–1502.

Devadasan, S. R., Sivakumar, V. M., Murugesh, R. and Shalij, P. R. (2012). *Lean and Agile Manufacturing: Theoretical, Practical and Research Futurities*. New Delhi: PHI Learning.

Gopalakrishnan, N. (2010). *Simplified Lean Manufacture: Elements, Rules, Tools and Implementation*. New Delhi: PHI Learning.

Kavanagh, S. and Krings, D. (2011). The 8 sources of waste and how to eliminate them. *Government Finance Review* 27: 6–18.

Kwon, O. and Lee, H. (2004). Calculation methodology for contributive managerial effect by OEE as a result of TPM activities. *Journal of Quality in Maintenance Engineering* 10(4): 263–272.

Nakaiima, S. (1988). *Introduction to Total Productive Maintenance (TPM)*. Cambridge, MA: Productivity Press (translated into English from the original text published by the Japan Institute for Plant Maintenance, Tokyo, 1984).

Tapping, D., Luyster, T. and Shuker, T. (2002). *Value Stream Management: Eight Steps to Planning, Mapping, and Sustaining Lean Improvements*. New York: Productivity Press.

第 6 章

六西格玛方法论

6.1 概述

六西格玛使用了五个阶段的方法论（定义——测量——分析——改进——控制，DMAIC）来处理现有过程中存在的问题。使用这个强大的解决问题工具是为了洞察和评估问题的根本原因。DMAIC 提供了一个适用于任何工作场所，指导和改善其过程的思路。六西格玛方法论的这五个阶段是不仅通俗易懂，而且有内在的逻辑顺序。而且，这些阶段步骤要求团队充分审视问题，根据目前状况对可量化的问题进行检测，并分析问题的根本原因，测试实施和验证改进建议，并执行长期可持续的改变（Brassard et al., 2002）。

DMAIC 方法论特别适用于以下两种情况：

1）复杂问题的解决。在复杂问题中，问题的原因和解决方法并不显而易见，为了确定问题的根本原因，就需要把具有不同技能、知识和经验的人聚集在一起。

2）高风险问题的解决。我们建议组织在任何高风险的情况下使用 DMAIC，即使有时解决方案是简单和显而易见的。

跳过 DMAIC 中的任一阶段都是有潜在风险的。DMAIC 的成功秘诀就潜藏于这个方法论的逻辑顺序中。然而，人类的本性总是希望跳过必要步骤直接找到解决方案并且尽快实施改进。如果你认为自己有一些显而易见的解决方案，也许可以试着跳过 DMAIC 的某个或某几个阶段。但不论你是否需要跳过 DMAIC 的某个或某几个阶段，在你做决定之前询问以下问题都是非常必要的：

1）我是否有数据能够证明计划的问题解决方案是最佳方案？换而言之，我是否有证据来证明目前的解决方案是最佳方案？

2）我如何知道目前的解决方案可以真正解决问题？

6.2 定义阶段

定义阶段的目标是定义项目的范围，存在问题的背景信息和现有流程，以及相关客户（包括内部和外部客户）的基本情况。需要在项目的定义阶段考虑以下几点：

1）编制和评估项目章程。在定义阶段的一项重要工作是编制项目章程，并需要倡导者评估和提出建设性的反馈。第 7 章（参考第 7.16 节）提供了更多关于这个强大工具的解释以及示例。一个项目章程包括客户之声（VOC）、关键质量特性（CTQ）和对 CTQ 的要求。读者请参考第 7.14 节和第 7.15 节来了解更多关于 VOC 和 CTQ 的信息。

2）阐述问题和设定目标。评估现有数据以确认存在的问题，并且确保设定的目标对于客户（包括内部和外部）和业务来说是非常重要的。

3）验证财务收益。了解潜在的收益（包括财务和非财务收益）和项目的总投入是非常重要的。我们建议投资回报率至少为 1/3。

4）高阶流程图。我们建议开发一个高阶流程图（即广为人知的 SIPOC）来验证项目的范围并且了解关键的输入和输出以及主要流程。SIPOC 中五个字母分别代表供应商、输入、过程、输出和客户。请参考第 7 章（第 7.1 节）获取更多关于 SIPOC 的信息。

5）编制项目计划。一个项目计划需要包括五项内容：关键里程碑，日程，项目成员，成果，与项目相关的潜在风险。

6）沟通计划。与项目成员和利益相关者（发起人、客户、经理等）定期进行沟通，这不但有助于每一个人了解项目的进度，而且让彼此之间创造更多的认同感，并且有利于避免项目执行过程中可能存在的陷阱。

7）阶段审核。定期正式审核有助于保证项目进度。精益六西格玛倡导者应该执行阶段审核，并且在项目负责人和成员将项目进展到测量阶段之前，确认在定义阶段的关键发现点。

你可以在定义阶段使用以下工具。我们在第 7 章对这些工具进行了解释，建议读者参考第 7 章得到更多关于精益六西格玛工具的信息。

推荐在定义阶段使用的工具包括：

1）SIPOC。

2）价值流程图（VSM）。

3）项目章程。

4）客户之声分析。

6.3 测量阶段

测量阶段的目标是根据收集到的信息来量化问题的现状。测量阶段的关键输出包括：

1）对流程中存在问题的部分进行数据收集。
2）收集流程中满足客户要求程度的基础数据。
3）更集中的问题描述。

我们建议在项目的测量阶段考虑以下几点：

1）收集基准数据。必须在测量阶段建立对流程中存在的问题的基准衡量。典型的测量指标包括 DPMO、过程能力指数（C_p 和 C_{pk}）、过程的西格玛质量水平（SQL）、直通率、交货时间、周期时间等（请参考第 5 章）。在某些情况下，指标还包括质量成本或者基于浪费分析的不同形式的浪费。

2）建立数据收集计划。在数据收集计划中，需要考虑收集数据的类型，数据与目前问题之间的关联，需要从生产过程中收集多少的样品，以及样品的收集频率。

3）核查数据的准确性和精确性。我们强烈建议实施测量系统的重复性和再现性研究（测量系统分析，MSA）以确保测量系统是有效的。这将保证从生产过程中收集数据的质量和可靠性。想获取更多关于 MSA 的信息，读者请参阅第 7 章（第 7.24 节）。

4）缺陷的定义。在测量阶段，我们需要了解要测量什么（即 CTQ），一旦我们明确了 CTQ，我们就需要了解缺陷的定义。这就需要小组的全体成员了解缺陷的构成，而且要对"缺陷"有一个标准定义。

5）使用运行图或者控制图。根据基础数据绘制运行图和控制图是很好的做法。更多关于这些图表的信息请参阅第 7 章（第 7.11 节和第 7.12 节）。

6）阶段审核。我们建议项目负责人和成员在进入分析阶段之前进行测量阶段审核。

推荐在测量阶段使用的工具如下：
1）CTQ 和 CTQ 树。
2）详细流程图。
3）运行图。
4）控制图。
5）MSA。
6）过程能力分析（参阅第 5 章）。

6.4　分析阶段

分析阶段的目标是寻找根本原因并用数据来确认和论证。在多数情况下，我们确认流程中的关键输入变量，进行数据分析，并确认根本原因和对根本原因的优先级进行排序。

分析阶段的关键输出包括：

1）识别与问题有关的潜在原因。

2）了解那些影响到CTQ（Y轴变量）的潜在输入变量（X轴变量）。

3）识别增值和非增值阶段及活动。

我们建议在项目的分析阶段考虑以下几点：

1）执行7+1式浪费分析。分析流程中存在的不同形式的浪费。

2）分析过程流。了解流程中的瓶颈，从客户的角度评估流程中增值和非增值的活动。分析CTQ并了解CTQ的关键驱动因素。

3）分析在测量阶段收集的数据。评估问题的影响以及导致问题出现的潜在原因，使用关联工具（帕累托分析、假设检验、根本原因分析等）以不断缩小根本原因的探寻范围。

4）验证变量（原因）之间的重要关系。使用离散图或更复杂的工具（如相关性分析、回归分析等）来验证各个原因之间的相关性。

5）阶段审核。在进入到改进阶段之前需要进行分析阶段的审核。

分析阶段使用的工具如下（George et al., 2005）：

1）失效模式和影响分析（FMEA）。

2）散点图。

3）相关分析。

4）因果分析或者鱼骨图分析。

5）根本原因分析。

6）帕累托图分析。

7）回归分析。

8）直方图。

9）假设检验。

6.5 改进阶段

改进阶段的目标是针对根本原因开展试验和执行改进措施。在这个阶段寻求潜在的解决方案，选择并优先安排有效的解决方案，进行风险评估，试运行解决方案以确认可用性，以及对结果进行最终评估。

改进阶段的关键输出包括：

1）有计划和有效的改进措施：能够消除或降低目前的问题所带来的影响。

2）前后差异分析：比较改进"之前"和"之后"的性能是否有差异。

改进阶段不仅包括推进问题的解决方案，还使用计划——执行——检查——行动（PDCA）循环来评估和改进需要实施的解决方案。在改进阶段需要考虑以下几点：

1）开发潜在的解决方案。在改进阶段要得到潜在的解决方案。创造力在这个阶段是至关重要的。

2）评估和优化可能的最佳方案。我们建议在选择一个合适的解决方案前确定一个实施标准，涵盖可操作性、实施成本、相关的风险等内容。

3）试点方案。问题的最佳解决方案需要经过试点运行。

4）改善前后的对比。在这个阶段，需要对比改进之前和之后的数据，以确保解决方案行之有效。

5）阶段审核。在进入控制阶段之前，需要对改进阶段做阶段性评审。

在改进阶段推荐使用的工具如下：

1）头脑风暴。

2）FMEA。

3）可选方案矩阵图。

4）试验设计。

5）看板管理。

6）快速换模。

6.6　控制阶段

控制阶段的目标通过标准化作业方法或流程优化，将项目中所学到的重要知识、经验进行归档以维护改进的成果，并预期未来的改进。在这个阶段，需要文件化、标准化操作流程，开发过程控制计划，创建项目记录和转移过程的所有权。

在控制阶段关键的输出包括：

1）标准化新的过程和方法。

2）对员工进行新方法和新流程的应用培训。

3）监督执行解决方案并定义特定指标，以建立便于定期实施过程审核的系统（过程控制计划）。

4）归档完成的项目文件，其中应包括获得的经验和进一步提升的机会。

我们建议在项目的控制阶段考虑以下几点：

1）文件化和标准化改进措施。控制阶段的第一步是文件化和标准化在改进阶段所实施的改进行动。

2）创立过程监控计划。控制阶段最关键的部分是建立监控新的流程和活动的控制计划。当结果不符合规范时立即采取行动以维持项目所获得的成果。

3）用控制图来监控改进后流程的业绩。我们强烈建议在一段时间内使用控制图来评估流程的稳定性。

4）六西格玛成果记录。成果记录是由项目或流程改进团队创建并维护的展示板，用来介绍项目的进展情况。这是一个在团队成员和利益相关者之间使用的重要沟通机制，将来也可以作为其他或类似项目的指导。

5）使用 PDCA 循环。PDCA 循环不断提醒我们进行持续改善：如何将目前的流程进一步优化？流程中的哪方面需要进一步改进？以及在未来需要继续进行什么项目？

在控制阶段推荐使用的工具：

1）运行图。
2）控制图。
3）5S 实践。
4）目视化管理。
5）看板系统。
6）PDCA 循环。
7）防错措施。

6.7 总结

本章给读者提供了六西格玛问题解决方法论（DMAIC）的简介。作者强调，DMAIC 应该用于解决现有流程中存在的问题，但不要使用这个方法来解决目前流程中的设计缺陷。作者解释了六西格玛方法的五个阶段并提供了每个阶段所能使用到的相关工具。这些工具能够帮助指导过程改进或帮助项目负责人解决问题。对于这些工具的具体解读请参阅本书第 7 章。

参考文献

Brassard, M., Finn, L., Ginn, D. and Ritter, D. (2002). *The Six Sigma Memory Jogger II, A Pocket Guide of Tools for Six Sigma Improvement Teams*. New York: GOAL/QPC.

George, M. L., Maxey, J., Rowlands, D. T. and Price, M. (2005). *The Lean Six Sigma Pocket Toolbook: A Quick Reference Guide to Nearly 100 Tools for Improving Quality, Speed, and Complexity*. New York: McGraw-Hill.

第 7 章

适用于中小企业基本和先进的精益六西格玛工具

7.1 SIPOC

7.1.1 什么是 SIPOC

SIPOC 是一个过程改进工具,以表格形式阐述关键的与输入和输出相关的一个或多个流程。SIPOC 的各个字母分别表示供应商、输入、过程、输出和客户。它从 20 世纪 80 年代开始应用于全面质量管理领域,诸如六西格玛、精益制造和其他业务流程改进中。SIPOC 记录业务从开始到结束的整个流程。它是定义阶段的重要工具。SIPOC 用于 DMAIC 中的定义阶段(Adams et al., 2004)。

SIPOC 的用途包括:
1)提供流程的详细描述。
2)有助于定义一个新的流程。

7.1.2 如何构建一个 SIPOC 图

SIPOC 图表示一个流程的概况,在过程定义和改进中起着重要作用。在得到更多的细节前,它可以用于与利益相关者的分析(Evans et al., 2005)。

7.1.3 何时使用 SIPOC 图

1)定义项目的范围时。
2)在部署改进行动前,文档化和评估现有的流程时。

3）在开始改进活动前获得对流程的全面了解时，SIPOC 图还有助于流程的所有者就相关流程的范围达成一致。

4）绘制流程图之前，讨论流程并达成一致时。

7.1.4　如何创建 SIPOC 图

第 1 步：设定流程。

第 2 步：标注起点/终点和流程的范围。

第 3 步：描述流程的输出。

第 4 步：表明谁是该流程的客户。

第 5 步：描述流程的供应商。

第 6 步：定义流程的输入。

第 7 步：定义当前流程的步骤和概貌。

7.1.4.1　绘制 SIPOC 图的一般规则（Pyzdek et al., 2003）

1）只绘制流程概貌并尽可能简单。

2）组织头脑风暴生成想法。

3）供应商：提供输入。

4）输入：是流程运作所需的关键要求。

5）输出：是流程步骤的结果。

6）客户：接收或使用流程的输出。

7.1.4.2　实际应用

1）组织一个由了解流程的相关人员参加的头脑风暴会议。

2）采用图示显示所有与会者对流程中每一步的输入。

3）确认输出：每一步输出了什么？

4）从输出确认客户。

5）对过程中的每一步确定执行流程的输入项目。

6）供应商：谁提供对流程的输入？

7.1.5　示例

一个水泵制造企业有兴趣通过采用 DMAIC 方法来提高生产率和降低缺陷率。SIPOC 作为定义阶段的一部分，被用来研究所有参与水泵制造相关的要素和成员。它帮助定义项目涉及的范围和界限。开发的 SIPOC 图如图 7-1 所示。

| 目的：提升生产效率 | | | |
责任人：			
供应商	输入	过程	输出	客户
ABC铸造公司	电动机本体	电动机本体加工	潜水泵	MN泵业
高科技搪瓷和PVC公司	绕线	绕线		南部泵业
PQR轴承公司	叶片			
铸造技术公司	铸造	电动机安装		
Bright塑料和高聚物公司	风扇和鼓风机	泵装配		
XYZ转换开关和电子公司	起动器			
	螺栓螺母	测试和检验		

图 7-1　SIPOC 图

7.2　价值流程图

7.2.1　什么是价值流程图

1）价值流程图（VSM）是一种用于分析一个产品或服务从开始直至最终客户的一系列相关流程的当前状态及未来理想状态的精益工具（Tapping et al., 2002）。

2）价值流程图是一种用于记录、分析和改进为客户开发产品或服务所需的信息流或物料流的精益工具。

3）价值流程图用纸和铅笔帮助观察和分析通过价值流开发一种产品或服务的物料流和信息流。

4）价值流程图可用于 DMAIC 过程中的测量、分析和改进阶段。

7.2.2　为什么使用价值流程图

Hines et al.（1997）总结了使用 VSM 的以下原因：
1）以图形方式描述、分析和感知所需处理的物料流和信息流。
2）描述了制造过程中多个部门或其他相关部门之间的相互作用。
3）代表完整的制造过程所涉及的信息（沟通）流和物料流。
4）识别复杂系统内的问题，包括低效率和损失等。
5）以高度可视化的方式制定并实施改进，促进组织内部的文化变革。
6）帮助指导精益转型团队和管理层实施 CI。
7）使用图表跟踪并不断改善流程。

7.2.3 何时使用价值流程图

价值流程图适用于产量高、品种少,仅仅由有限的零件组合而成的产品。

当前状态价值流程图描绘流程的当前状态,它被用于了解为什么要变化以及进行改进设计。

7.2.4 如何创建价值流程图

首先,要构建价值流程图团队就要形成一个跨职能合作的体系,这个团队不仅包括参与绘制流程的所有利益相关者,还必须包括拥有流程相关知识的操作和维修人员。

实地走访车间现场,绘制生产流程,并记录每个步骤和识别沟通渠道。借助所有相关的数据和信息创建当前状态的价值流程图,并不断修改价值流程图,直到对当前流程的描述准确完整。

流程步骤如下:

第1步:选择团队领导。

第2步:组建由跨职能代表组成的精益团队。

第3步:选择要绘制的流程。

第4步:收集数据并生成当前状态图(见图7-2)。

第5步:分析当前状态。

第6步:绘制未来希望的状态(见图7-3)。

第7步:制订行动计划并重点关注实施。

第8步:量化收益。

7.2.5 示例

一家制造企业有兴趣在其生产活塞阀的生产线上实施精益生产技术。下料是第一个生产流程;接着是车削和钻孔;然后,加工过的组件经过热处理硬化后进行磨削;最后,完成制造的凸轮轴经过检查和包装后发货。共有11名工人参与制造凸轮轴,他们的加工任务得到合理分配。该公司每天工作8h(包括30min午饭休息时间和一次10min的茶歇),生产150个活塞阀。通过工时测算确认每个流程的单个周期时间,同时目视化地收集了WIP库存数量。基于现有的数据,总周期时间和交货时间分别是56min和8.71天。当前的节拍时间是4.3min。图7-2和图7-3用价值流程图描述了当前和未来的状态。

通过分析当前状态,这家企业制订了改进行动计划。参照单个流程实施了改进,并观察了改进成果。通过成功实施改善行动,构建了未来的价值流程图。

第7章 适用于中小企业基本和先进的精益六西格玛工具

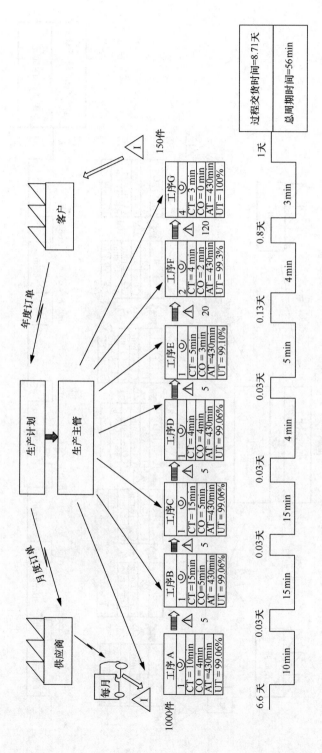

图 7-2 当前状态图

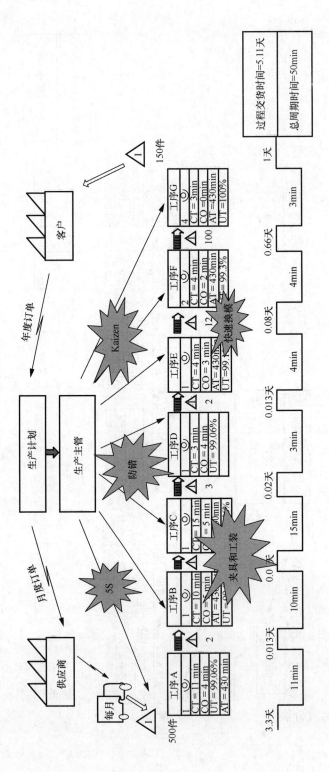

图 7-3 未来状态图

7.3 5S 实践

7.3.1 什么是 5S

5S 是有效管理工作场所的组织方法,因 5 个日本单词的首字母为 S,故简称 5S:整理、整顿、清扫、清洁和素养。或者用英文表示为 Sort、Straighten、Shine、Standardise、Sustain(Rojasra et al., 2013)。5S 意味着工作场所组织的高效率和有效性。5S 用于 DMAIC 过程的改进阶段。

5S 是精益生产中最强大的工具之一。它是确保工作场所清洁、高效、安全、提高生产力和目视化管理,确保工作标准化的一个简单工具。5S 是以团队为导向的。

1)整理。它包括移除不必要的物品和正确地处置它们。它基于成本评估需要只摆放该摆放的物品并移除不使用的物品。

2)整顿。它包括整理所有必要的物品,以便于使用和防止长时间搁置造成的损失,以及确保顺畅的工作流。

3)清扫。确保工作场所的清洁和安全。

4)清洁。将工作区中的最佳做法标准化,以确保高标准的洁净和秩序。

5)素养。通过定期审核、培训和加强执行来确保有序工作。

7.3.2 为什么应用 5S

1)杜绝浪费。

2)在工作场所倡导质量文化。

3)确保方法简单易用。

实施 5S 的主要收益包括:

1)确保更清洁、更安全、更有序的工作场所。

2)提高工作场所的空间使用率。

3)确保工作场所运营更顺利、更系统化。

4)减少机器的停机时间。

5)提升质量,生产无缺陷的产品。

6)提高员工的士气和满意度。

7)提高组织的生产率。

7.3.3 5S 包含什么内容

1)整理:建立标准并标识不使用的物品,用红色标签标识此类物品。带红色标签的物品被分类并移入指定的空间。成立一个小组,以确定处置行动以及记录相应措施。

2）整顿：确定每个项目的位置。开发工具箱并给物品贴上标签。然后确定布局和工具。

3）清扫：可以通过检查并彻底清扫工作区进行系统清洗。识别检查性能的核查点并确定可接受的标准。可视标识用于标记设备和定义要做的检查工作。

4）清洁：标准化意味着每个员工都知道应该做什么。不但要针对每个工作区域定制例行检查表，还必须有审计系统，以形成规范的标准方法。

5）素养：需要维持改善的成果，核查所达到的 5S 水平。使用 5S 检查表检查所做的工作。在高层次的审计之后，开展有计划的例行检查。

7.3.4 示例

表 7-1 为 5S 审核表。

表 7-1　5S 审核表

5S 审核表 姓　名： 日　期： 团　队：					
对于每个问题，标记最能代表所观察到事件真实状况的打分。 1 = 没有证据显示，2 = 在范围内有一些证据，3 = 在范围内有良好的证据，4 = 在范围内有大量证据，5 = 发现证据无处不在、无一例外（100%）。					
整理	很差	差	好	很好	优秀
1. 该区域不存在不必要的库存、在制品	1	2	3	4	5
2. 该区域不存在任何不必要的材料、呆死料	1	2	3	4	5
3. 该区域没有不必要的、重复的文档和/或过时的文件	1	2	3	4	5
整顿	很差	差	好	很好	优秀
1. 必要的库存/WIP 被分类、定义位置，并存储在正确的位置	1	2	3	4	5
2. 工作区域安装了适当的照明设备	1	2	3	4	5
3. 有条款明确定义了质量差的工作	1	2	3	4	5
清扫	很差	差	好	很好	优秀
1. 设备清洁、无尘	1	2	3	4	5
2. 容器无尘	1	2	3	4	5
3. 该区域的地面干净，没有不需要的物品	1	2	3	4	5

(续)

清洁	很差	差	好	很好	优秀
1. 员工对 5S 的执行非常明确	1	2	3	4	5
2. 所有员工都能详细介绍其他同事对 5S 活动的总体责任	1	2	3	4	5
3. 有证据表明全体员工对 5S 原则重要性的认识	1	2	3	4	5
素养	很差	差	好	很好	优秀
1. 清晰地描述了 5S 的计划和行动更新	1	2	3	4	5
2. 成功故事被展示和确认了	1	2	3	4	5
3. 展示板、活动图、告示板等与时俱进,并且定期检查吗	1	2	3	4	5
总分					

7.4 快速换模

7.4.1 什么是快速换模

Moreira et al.（2011）认为,快速换模是指在不到 10min 时间内完成设备安装以及生产切换一整套理论和技术的应用。虽然我们不可能在 1min 内实现所有的设备安装,但是快速换模的重点是减少安装时间。快速换模用于 DMAIC 的改进阶段。

7.4.2 何时使用快速换模

现代客户总是对不同种类的产品提出各种需求。他们期望高品质、合适的价格和快捷的交付。快速换模通过缩短安装时间带来成本收益,从而使小批量生产的方式得以实现,以帮助实现客户的需求。

快速换模避免了批量生产与生俱来的问题,比如库存浪费、延迟和质量下降等。快速换模带来的好处包括快速安装、灵活、交货快、更好的质量和较高的生产效率。

7.4.3 如何创建快速换模

7.4.3.1 阶段 1：分离内部作业和外部作业

最重要的一步是区分内部作业和外部作业。在机器正常工作时,可以通过执行筹备和其他运输任务来减少内部作业时间。分离的内部作业和外部作业可以使用检查清单、职能核查以及改进模具和其他零部件的装运方式来实施。

7.4.3.2 阶段2：把内部作业转换为外部作业

为了进一步减少作业时间，可以通过重新检查以确定是否有任何操作步骤被错误地定为内部作业，并根据实际功能的要求，寻找将这些步骤转换为外部作业的方案。

7.4.3.3 阶段3：精简作业的所有操作

为了进一步降低作业时间，需要对每个作业的基本要素做详细分析。建立减少作业时间的原则，特别是机器停止运作时所开展的内部作业的步骤。外部作业时间的改进措施包括：优化零件和模具的存储和运输，以及加强工具和模具管理。在确保作业可靠、安全操作和减少等待时间的前提下，采取恰当的并行操作。为了帮助优化并行操作，需要工人制定并遵守每个作业的流程表。

7.4.4 示例

表7-2为作业说明，表7-3为作业分类，表7-4为改进的方法和节省的时间。

表7-2 作业说明

作业编号	说 明	需要的时间/min
01	把组件装在机床上	10
02	装载部件	15
03	调整部件	35
04	夹紧部件	30
05	标识	48
06	上盖	6
07	机加工	300
08	开盖	6
09	卸部件	10
10	去除切屑	10

表7-3 内部作业和外部作业的分类

作业编号	说 明	分 类	时 间/min
01	把组件装在机床上	内部	10
02	装载部件	内部	15
03	调整部件	内部	35

（续）

作业编号	说明	分类	时间/min
04	夹紧部件	内部	30
05	标识	内部	48
06	上盖	内部	6
07	机加工	外部	300
08	开盖	内部	6
09	卸部件	内部	10
10	去除切屑	内部	10

表 7-4 改进的方法和节省的时间

作业编号	说明	快速换模之前/min	改进方法	快速换模之后/min	节省的时间/min
01	把组件装在机床上	10	同步更换	0	10
02	装载部件	15	同步更换	0	15
03	调整部件	35	防呆防错	26	9
04	夹紧部件	30	气动装夹	10	20
05	标识	48	自动打标	20	28
06	上盖	6	—	6	0
07	机加工	300	—	300	0
08	开盖	6	—	6	0
09	卸部件	10	同步更换	0	10
10	去除切屑	10	同步更换	0	10
合计		470		368	102

7.5 目视化管理

7.5.1 什么是目视化管理

目视化管理被描述为"用眼睛来管理"（Murata et al., 2010），它包括由视觉控制的活动管理。目视化管理是管理异常现象的系统工具。目视化管理使我们能够目视到正常状态（标准）和偏离。目视化管理用于 DMAIC 过程的改进阶段。

7.5.2　何时使用目视化管理

1）让问题变得显而易见时。
2）使工作更加轻松自如时。
3）标识标准的数量时。
4）提供异常警示时。

7.5.3　如何执行目视化管理

执行目视化管理的三个基本步骤如下：

1）决定哪些地方需要用目视化管理。项目小组或组织内的持续改善团队可以帮助确定从哪个地方开始应用目视化管理。
2）为系统设置一种当异常状况发现时会触发响应的方式。
3）确定在出现异常状况时的响应方案。

一些行业的例子如下：

1）地面画线或简单标记指示物品的位置。
2）制造工厂采用生产板显示每小时和每班次的生产数量。
3）在墙上或货架上画或贴红线或点以记录物品的顺序。
4）大学院系的告示板（手动或电脑制作）以便给学生传达信息。
5）在考场的座位表标明候选人的考试座位安排。
6）系统地追踪业务信息。
7）每天进行团队成员交流活动。

7.5.4　示例

图 7-4 和图 7-5 所示为目视化管理的示例。

每小时看板				日期： 需求： 节拍时间：
时间	计划	实际	停线时间	原因
7:00am—8:00am	20件	17件	0	
8:00am—9:00am	20件	18件	0	
⋮				
17:00pm—18:00pm	20件	15件	10min	设备故障

图 7-4　目视化管理板监测每小时产量

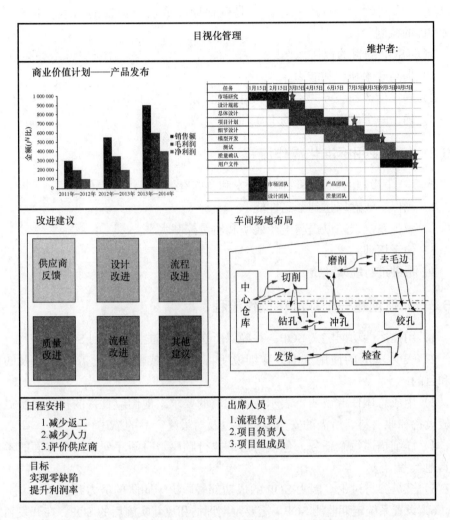

图 7-5　一般的目视化管理板显示制造企业的职能竞争力

7.6　标准化操作流程

7.6.1　什么是标准化操作流程

标准化操作流程（SOP）是针对某些特定操作的，用来描述完成符合行业规范和业务标准的任务所需的活动（Doolen et al., 2005）。

SOP 在业务运营中发挥着至关重要的作用。它是运营、市场营销和行政管理的一系列政策、程序和标准，是确保商业成功所需要的因素。SOP 用于 DMAIC 的控制阶段。

制定 SOP 的目的包括：

1）提高效率和盈利能力。

2）确保生产和服务的一致性和可靠性。

3）确保一个健康、安全的工作环境。

7.6.2 何时使用标准化操作流程

当今竞争激烈的商业环境需要开发和实施有效的标准化操作流程：

1）确保一致性以达到最高性能。

2）减少系统误差以提高生产效率和质量控制水平。

3）便于培训。

4）帮助进行绩效评价。

7.6.3 如何创建一个标准化操作流程

1）用描述性动词定义 SOP，并确保所有员工都能随时看到 SOP。

2）表明 SOP 的使用范围，详细说明特定操作或任务，覆盖 SOP 涉及的作业和目的。

3）生成总体任务说明，表示所需人员的要求，他们应具备的技能、所需的一般设备和原材料、所需的安全设备，以及对最终产品的描述。

4）详细描述每个任务，包括特定的执行顺序、时间序列、安全方面的考虑和其他参考信息。

5）全员参与讨论。因为 SOP 的成功部署取决于团队的努力和行动。

6）设置系统定期监测 SOP。需要定期评估和更新实施后的 SOP。在开发新的 SOP 期间，为确保顺利运作需要做频繁的分析。

SOP 可应用于以下两个方面：

1）生产运营。主要包括生产步骤、设备维护、检查程序、新员工入职培训等。

2）市场营销、销售和客户服务。这主要表现在外部沟通方面，如新闻发布、媒体社交、广告，以及准备销售报价单、保修、担保、退换货政策等。

7.6.4 示例

表 7-5 展示了一个 SOP 示例。

表 7-5 SOP 示例

SOP					
阶段	工作站名称	型号	控制计划编号	变更日期	最终描述
1	活塞生产线	P3-活塞	2		

配图描述过程：

序列号	工艺名称	工艺描述	安全配套	质量标准	对策计划
11	车削	借助车削中心把已有的毛坯加工成特定规格的零件	鞋子、手套	确保相关尺寸符合标准零件图样	再操作一遍以达到特定的规格尺寸
12	钻孔	按所要求的尺寸，对加工过的零件钻孔	鞋子、手套	确保相关尺寸符合标准零件图样	再操作一遍以达到特定的规格尺寸
13	支架装配	把支架装配到加工过的主框架	鞋子、手套	确保主框架上的支架已拧紧	再拧紧，以达到所需的扭力
14	拧紧扣件	在支架上给定的槽上装配扣件	鞋子、手套、耳塞	确保主框架上的支架已拧紧	再拧紧，以达到所需的扭力
15	热处理	把组件放进热处理炉，在150℃下处理45min	鞋子、手套	按标准条件，测试热处理零件的表面硬度和孔隙度	测试材料特性，再次热处理零件
16	包装	根据工作令，把零件放入给定的箱子里	鞋子、手套	确保箱子的位置	调整零件在包装箱内的位置
检查质量				修改信息	
由质量团队检查、确认和盖章：				批准 建议者： 批准者： 发放者：	

7.7 因果分析

7.7.1 什么是因果分析

在解决任何问题的初始阶段，第一次头脑风暴会议需要所有与流程相关的人员的参与。在头脑风暴会议上，需要找出问题发生的潜在原因，并对这些潜在原因进一步分析，以找出根源。因此，作为确定根本原因的第一步，需要针对所有潜在原因进行因果图分析（Asaka et al., 1990）。为此目的，你可以把所有原因分为不同的类别，比如人员、机器、材料、方法以及测量等（图7-6）。因果图上有原因和结果分析。因果图也称为鱼骨图或石川图，也可以用Minitab软件做因果图分析，它定义了10个不同类别的原因。

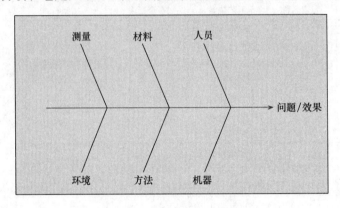

图7-6 因果图的常规模板

7.7.2 何时使用因果分析

通常在以下情况使用因果分析：
1）找出影响输出的关键特性和关键工艺参数。
2）帮助小组达成对问题的共识。
3）发现对问题现有认知之间的差距。
4）减少主观决策的失误。
5）帮助员工更多地了解流程和研究问题。
6）作为供进一步研究相同或者多个不同流程的一种技术材料。
7）帮助相关流程的员工调查问题以及找出与之相关联的原因。

7.7.3 如何创建因果分析

可以基于以下步骤创建因果图：
1）进行头脑风暴会议探讨潜在原因。
2）将潜在原因归集到人员、材料、机器和方法等不同类别。
3）使用Minitab软件绘制因果图。
4）检查是否有遗漏的信息。
5）开展进一步的分析，并从潜在原因中找出根本原因。

7.7.4 示例

图 7-7 显示一个零件硬度误差的因果图。

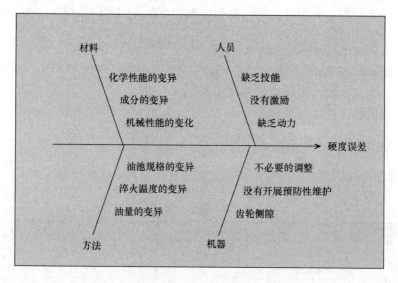

图 7-7　显示一个零件硬度误差的因果图

7.8　帕累托分析

7.8.1　什么是帕累托分析

帕累托图是一个条形图,它有助于对缺陷、故障、维修、客户投诉等按优先顺序进行排列。维尔弗雷德·帕累托(Wilfred Pareto)引入了这一概念。帕累托的基本原则是"总体中 80% 的效果是由 20% 的原因造成的",因此,帕累托分析有助于将"致命的少数"从"次要的多数中"筛选出来。

7.8.2　何时使用帕累托分析

当很多因素、原因影响到一个问题时,帕累托分析可用于:
1)找出最重要的项目和缺陷。
2)识别在何处采取行动。
3)确定每个项目在整体中的比例。
4)确认在有限范围内采取补救行动之后的改进程度。
5)比较每个项目和缺陷在改进前后流程的情况。

7.8.3 如何创建帕累托分析

可以使用下列步骤开展帕累托分析：

1）定义问题，收集对这个问题有影响的、相关因素的数据。历史记录通常能提供足够的信息。
2）在按降序排序数据并计算百分比。
3）绘制横轴（X轴）和纵轴（Y轴）。
4）在X轴方向，按频率降序排列条形图。
5）画出累计百分比图。

7.8.4 示例

搜集了1年内某台茶叶包装机的故障数据，并总结呈现在表7-6中。

表7-6 停机的数据

序列号	原因	频数
1	重量变化	430
2	胶罐泄漏	67
3	盖子折叠问题	1115
4	打标机小包堵塞	124
5	铝箔传送不当	43
6	小包传递弹簧不工作	18

可以用 Minitab 软件绘制帕累托图，纵轴表示原因，横轴表示频率。图7-8显示为 Minitab 输出的帕累托分析。

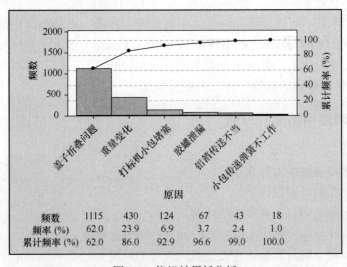

图7-8 停机帕累托分析

图 7-8 所示的帕累托表明"盖子折叠问题"是设备故障的主要原因。前两大原因一起贡献了 86% 的设备故障。

7.9 直方图

7.9.1 什么是直方图

直方图帮助我们根据数据总量做出快速和客观的推论。直方图显示数据分布的形状以及发生的频率（例如数据点发生的频率）。

7.9.2 何时使用直方图

1）直方图总结流程数据并以图形方式显示频率分布。通过对直方图叠加的规格限制，我们可以判断流程是否能够满足客户的要求。

2）以表格形式解释大量数据是极其困难的。因此通过把数据绘制成直方图，我们可以评估数据的分布、形状和中心位置。

3）直方图显示各种数据值发生的相对频率。

4）它还有助于快速说明数据的总体分布。

7.9.3 如何创建直方图

创建直方图的第一步是收集 50~100 个观测特性值。直方图只适应于连续型数据。数据收集完成后，采用下列步骤来构建一个直方图：

1）找出样本中的最大值和最小值。

2）确定组距和频率表。

3）以横轴表示测量特征、纵轴表示频率绘制直方图。组距即每个条的宽度。条的高度是各类的频率。

4）研究绘制好的直方图的模式并做出适当的推论。

7.9.4 示例

表 7-7 所示的数据是某化工流程连续几天的产量。用 Minitab 软件做出这些数据的直方图，如图 7-9 所示。

表 7-7 某化学流程产量的数据

94.97	87.97	85.21	86.52	92.82	92.06	85.96	88.41	88.20
89.10	91.66	88.97	93.02	88.76	92.57	89.14	87.33	88.91

（续）

93.53	87.66	90.08	88.50	89.93	90.04	89.88	90.19	88.59
91.56	91.45	90.23	88.57	90.90	91.18	91.05	91.14	91.20
88.67	88.08	89.46	88.31	90.58	89.75	90.67	89.10	89.40
86.90	89.12	87.00	87.28	90.95	87.64	85.81	88.39	90.91
88.43	92.32	87.39	89.39	88.15	91.35	90.46	94.23	89.95
91.26	89.50	89.24	88.90	92.78	90.09	86.57	90.84	88.72
92.11	86.06	91.06	91.54	86.96	90.07	89.80	88.30	90.45
88.18	86.28	92.17	93.85	88.00	90.14	91.37	90.22	87.53

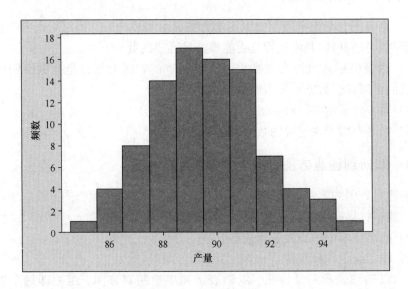

图 7-9　产量的直方图

直方图显示产量的形状对称并以产出值 90 为中心。此外，数据中没有任何异常值。

7.10　散点图和相关分析

7.10.1　什么是散点图和相关分析

散点图是沿横轴（X 轴）和纵轴（Y 轴）分别描述独立和相关变量的简单点图，两个变量之间的关系。如果 Y 随 X 增加，那么 X 和 Y 呈正相关；如果 Y 随

X 的增加而减小，则两类数据呈负相关。如果散点图没有表现出任何明显的趋势，则两个变量没有任何关联。

变量之间的关系可以用一个专业术语"相关系数"来估计。通常用 r 来表示。r 值代表两个变量 X 和 Y 的大小和方向之间的线性关系，其大小确定相关性的强度。正负号表明两个变量为正相关或负相关。$r = \pm 1$ 意味着完美的线性关系，而 $r=0$ 表示没有变量之间没有关系。相关系数 r 的范围是 $-1<r<1$。

7.10.2　何时使用散点图和相关分析

散点图和相关分析用于研究两个变量之间的关系。这种分析对找出问题的根本原因很有帮助，也有助于确定优化运行流程中变动的范围。

7.10.3　如何创建散点图和相关分析

创建散点图的步骤如下：
1）收集 50~100 对有可能相关的数据。
2）绘制横轴和纵轴，并标识两个轴。
3）正在调查的原因作为输入变量，通常用横轴（X 轴）表示，效果和结果作为输出变量，通常用纵轴（Y 轴）表示。
4）把数据标在图上并研究数据的模式。

计算相关系数的步骤如下：
1）配对收集（X, Y）数据。
2）按两个不同的列把数据输入 Minitab 软件。使用 Minitab 指令中的 Stat → Basic Statistics → Correlation 获得相关系数。

7.10.4　示例

表 7-8 为温度（X）和强度（Y）数据，用这些数据制作散点图和计算相关系数。使用 Minitab 软件为这些数据绘制散点图，如图 7-10 所示。

表 7-8　温度（X）和强度（Y）的数据

X	Y	X	Y	X	Y	X	Y	X	Y
177	208	207	295	200	277	199	273	211	308
179	214	209	295	201	298	188	277	210	295
188	236	209	298	196	280	209	286	204	295
183	242	220	302	203	289	199	292	206	292
194	248	209	298	178	217	207	305	198	295

(续)

X	Y	X	Y	X	Y	X	Y	X	Y
191	252	221	302	179	214	206	298	207	280
200	267	213	292	186	233	209	305	202	289
194	264	216	292	183	242	210	302	205	289
205	286	203	292	193	245	215	305	178	211
204	289	205	292	181	248	206	302	180	220

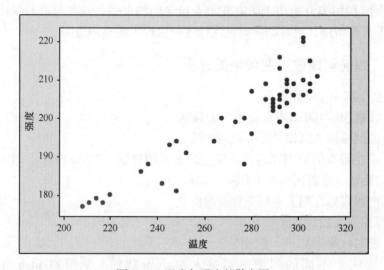

图 7-10　温度与强度的散点图

散点图提示，随着温度的增加，强度也增加。使用 Minitab 软件得到的相关系数 $r=0.903$，这表明 X 和 Y 变量之间有很强的正相关关系。

7.11　控制图

7.11.1　什么是控制图

20 世纪 20 年代，瓦特·A. 舒哈特（Walter A.Shewhart）引入了控制图的概念。控制图是用来评估流程稳定性的线图。它基于正态分布的原则。控制图上有三条线，即中心线（CL）、控制上限（UCL）和控制下限（LCL）。中心线是平均水平，而控制上限和下限的计算是基于"平均值 $\pm 3\sigma$"。我们在这张图上绘制这些点，并研究图的行为模式以推断过程的稳定性（Montgomery，2009）。如果任何点超出控制界限,这就可能是由特殊原因造成,需要做进一步的调查。图 7-11 所示为典型的控制图。

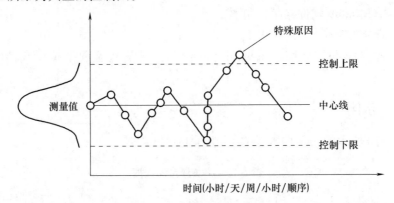

图 7-11　典型的控制图

根据数据的类别,有不同类型的控制图可供选用。用于可变数据的控制图被称为变量型控制图,用于数量型数据的控制图被称为数量型控制图。根据样本量大小,在变量型控制图大类里又有不同类型的图表,即 $\overline{X}\text{-}R$ 图、$X\text{-}S$ 图等。类似地,数量型控制图类别中有 P 图、NP 图、C 图和 U 图(表 7-9)。

表 7-9　控制图种类的汇总

数 据 类 型	控制图名称
子组中样本量 ≤ 10 的连续数列	$\overline{X}\text{-}R$ 图
子组中样本量 > 10 的连续数列	$\overline{X}\text{-}S$ 图
离散,缺陷类型,样本量不固定	P 图
离散,缺陷类型,样本量为常数	NP 图
离散,缺陷类型,样本量不固定	U 图
离散,缺陷类型,样本量为常数	C 图

7.11.2　何时使用控制图

控制图用于下列目的:
1)研究流程的稳定性。
2)分析流程,识别一般原因或特殊原因,以便采取相应的改善行动。
3)在一段时间内监测流程。

7.11.3　如何创建控制图

创建控制图的一般步骤如下所示:

1）按时间顺序收集流程中的数据。
2）按照数据类型，决定控制图的类型。
3）用 Minitab 软件绘制控制图。
4）研究控制图找出波动的原因。
5）针对波动的原因，采取相应的行动，尽量从流程中减少或消除这些原因。

7.11.4 示例

表 7-10 所示的是 3 种木板的 15 组厚度测量数据。

表 7-10 有关厚度的数据

（单位：in）

编号	分组		
1	0.0629	0.0636	0.0640
2	0.0630	0.0631	0.0622
3	0.0628	0.0631	0.0633
4	0.0634	0.0630	0.0631
5	0.0619	0.0628	0.0630
6	0.0613	0.0629	0.0634
7	0.0630	0.0639	0.0625
8	0.0628	0.0627	0.0622
9	0.0623	0.0626	0.0633
10	0.0631	0.0631	0.0633
11	0.0635	0.0630	0.0638
12	0.0623	0.0630	0.0630
13	0.0635	0.0631	0.0630
14	0.0645	0.0640	0.0631
15	0.0622	0.0644	0.0632

由于这些数据是分组收集而得，每一组有三个数据，我们可以是用 $\overline{X}$-R 图。用 Minitab 软件绘制 $\overline{X}$-R 图。Minitab 软件的输出如图 7-12 所示。

在 $\overline{X}$-R 表中，绘制的所有点都在控制范围内且没有任何特定的走向模式。因此，我们可以得出结论，目前在流程中没有特定不可控的因素。

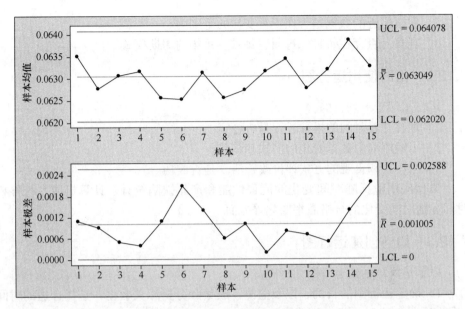

图 7-12 厚度的 $\bar{X}$-R 图

7.12 运行图

7.12.1 什么是运行图

运行图用于监视一个过程或系统随时间变化的状况。运行图以图形方式显示周期、趋势、偏移或随着时间推移的非随机模式。趋势是指系列数据有不寻常的连续增加或减少。运行图有助于发现问题、识别问题发生的时间,以及监测导入解决方案的进展情况。

7.12.1.1 有关运行图的问题

1)平均线是否满足客户的要求?

2)是否有需要进一步调查运行图呈现出的显著趋势或模式?

7.12.1.2 关于运行图的两种错误解释

1)得出过程中有趋势或周期存在的结论,而事实上这只是正常过程的变异(每个过程都会呈现一些变化)。

2)当趋势或周期确实存在时,我们却未能识别。

这些都是常见的错误。但人们通常没有意识到第一种类型的错误并对一个真正正常运行的过程进行干预。为了避免错误,请参考以下简单易行的方法解释运行图:

1)在足够长时间内观察产生的数据,以便让正常变异完全显现出来。

2）观察最近的数据是否在正常变异的范围内。
3）观察是否存在每日、每周、每月、每年的周期模式。

7.12.2　何时使用运行图

运行图用于下列目的：
1）理解随着时间的推移过程是否稳定。
2）了解流程中数据变化的模式和趋势。
3）用客观和直观的方式评价改善活动是否成功。

典型应用包括随时间变化的流程性能和产品缺陷统计、计算机或系统停机时间、随时间变化的合格品率变化等方面。

7.12.3　如何创建运行图

以下建议对创建运行图大有裨益：
1）确定运行图的目的，以及监测、收集和分析相关数据，选择合适的时间间隔（分钟、小时、天、月等）。
2）整理绘制运行图需要的数据。
3）在横轴上标注时间（通常位于底部）。
4）标注纵轴，并把步骤2）中收集的数据绘制在纵轴上（通常标注在左侧）。
5）给运行图命名。最好用向上或向下的箭头指示方向。

7.12.4　示例

图7-13为一家软件公司的客户检测到的、每个代码修改行的差异数的运行图。

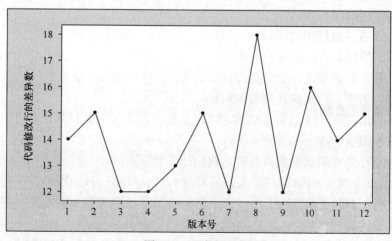

图7-13　运行图示例

不同点表示源代码中不同版本的数据。如图 7-13 所示，不难看出输出结果有波动，但我们根据收集的小样本数据很难判断该过程是否稳定。

7.13 失效模式和影响分析

7.13.1 什么是失效模式和影响分析

失效模式和影响分析（FMEA）是以一步一步细致完整的方法确定在设计、制造或服务过程中，在系统或装配中所有可能出现的失效。失效模式是指可能会失效的方式或模式。失效是指任何错误或缺陷，特别是那些有可能影响客户的缺陷。失效可以是潜在的或实际发生的。"影响分析"指的是研究失败的后果。根据后果的严重性、发生的频率和检测的难易程度，我们对失效进行优先次序的排序。FMEA 的目的是从具有最高优先级的项目开始，采取行动消除或减少失效。

FMEA 包括对以下内容的审核：
1）流程步骤。
2）失效模式（哪里可能失效）。
3）失效的原因（为什么会发生）。
4）失效造成的影响（失效会带来什么样的后果）。

7.13.2 何时进行失效模式和影响分析

事实证明，失效模式和影响分析在以下情况下非常有用：
1）评估在过程中可能出现的失效模式并预防其发生，而不是在失效模式发生后才临时抱佛脚。
2）在实施前对新流程进行评估以及评价对现有流程的影响。
3）在设计新产品、工艺或服务（即早期设计阶段）时确保设计是稳定有效的（即在用户使用环境中不易发生失效的情况）。

7.13.3 如何编制失效模式和影响分析工作表

进行 FMEA 的基本步骤是：
第 1 步：研究即将分析的产品、流程、服务、系统、装配。
第 2 步：组建一个跨职能的团队，团队由拥有流程、产品或服务和客户的需求多元化知识的人员组成。
第 3 步：确定你要实施的 FMEA 所涵盖的范围。识别范围中涉及的各项功能。明确以下问题："这个系统、设计、流程或服务的目的是什么？我们的客户期望它能做什么？"

第4步：为每个职能识别所有可能发生的失效模式。通过头脑风暴找出所有可能的失效模式。

第5步：列出所有失效模式的潜在后果。

第6步：为每种失效模式分配严重程度（S）。通常，严重程度按1~10分为10个等级。其中1代表微不足道，10代表灾难性的。如果一种失效模式可能带来多个不同的后果，在FMEA表上写出该失效模式严重性最高的等级的分值。

第7步：找出每个失效模式的原因（可以使用因果图进行分析）。

第8步：为每一种原因确定发生的频次（O）。此频次用来估计失效发生的概率，通常从1到10分级，其中1代表极不可能发生，10代表不可避免。在FMEA表中，列出每个原因发生的频次的打分。

第9步：确认控制计划用来检测失效模式。

第10步：为每个控制方法确定检测度（D）。D用来估计在失效发生后但客户没有被影响前现有控制方法是否可以检测到这种失效的原因或模式。检测度通常从1到10。1表示现有控制方法绝对可以测定失效的发生，而10代表现有测控方式完全不能检测到问题（或者没有控制）。在FMEA表上列出每种原因的检测度。

第11步：计算风险优先系数（RPN）。这个系数涵盖了严重程度、发生的频次和检测度，是三者的乘积。RPN指导我们如何根据潜在风险的等级大小排出我们应该对待的风险的顺序。

第12步：根据RPN值的大小对失效模式和原因排优先次序。

第13步：确定要采取的行动。这些行动可能使设计、流程或系统中的风险变更为较低的严重程度或发生频次，也有可能用额外的控制方法以提高检测度。此外要关注是谁负责行动以及行动达成目标的日期。

第14步：根据行动计划重新计算RPN值。

7.13.4 示例

此示例为加油站自助服务的流程。在此示例中，有很多步骤或子流程涉及从寻找加油泵开始直至付款结束。为了使读者更容易理解，我们选择三个子流程做FMEA练习——找到加油泵、初始化泵和加油。FMEA工作表见表7-11。RPN越高的失效模式越关键，且必须采取补救行动将其影响减至最低。在本示例中，最举足轻重的失效模式是无法自动关闭。我们需要调查这种失效模式的原因并制订行动计划以防止这种失效的发生。一旦实施改进措施，你需要重新计算 RPN 值去评估改进措施是否行之有效。

表 7-11 FMEA 工作表

流 程 步 骤	潜在失效 模 式	严重程度 （S）	发生频次 （O）	检测度 （D）	RPN （SOD）	修改后的 RPN （采取行动改进 流程后）
找到加油泵	所有加油泵都在服务	1	6	1	6	
	油箱盖在车的另一侧	4	4	10	160	
初始化泵	无法重置加油泵	4	1	1	4	
	加油泵无法读取信用卡	8	1	1	8	
加油	无法自动关闭	10	2	10	200	

7.14 客户之声分析

7.14.1 什么是客户之声

客户之声（VOC）是一个用于获取客户（内部或外部）的要求和反馈并向客户提供业内最佳的服务和产品质量的流程。这个流程积极主动并不断创新来获取客户随时间不断变化的要求。客户之声用于描述明确和不明确的需求和要求。你可以通过各种渠道获取客户之声：直接讨论或访谈，市场调查，焦点访谈，客户要求，观察，以及各种保修数据、现场报告、投诉日志等。精益六西格玛的实施与客户之声保持一致，使得公司能够在不断改善之中实现其价值主张，并增强竞争力，增加市场份额和提高盈利能力（Gopalakrishnan，2010）。

客户之声有两种基本类型的数据：①被动型数据，即在客户投诉、赞美、反馈，热线电话，产品返回和/或保修索赔中发现的数据。通常，这类数据通常是负面的，但是企业又难以听到，它通常代表重大改进机会。例如，很可能是客户在经历了较差的服务体验或采购了一件坏的产品后提出的投诉。其他不满意的客户可能不会投诉，但会立即转向竞争对手。②主动型数据，即可以从客户访谈、书面调查、焦点小组、意见和/或测试客户中收集到的数据。你也可以从此类数据中识别出重要的改进机会。

7.14.2 何时进行客户之声分析

客户之声分析用于：

1）识别潜在的改进机会以及从客户的角度来确定事件的优先级别。
2）重点关注那些对当前和潜在客户而言最有价值的事情。
3）制定对你的客户而言最为重要的CTQ。

7.14.3 如何开展客户之声分析

在开展客户之声分析时可以遵循以下步骤：

第1步：确定客户及其需求。任何组织都有内部和外部客户。虽然我们主要是与参与到流程中下一个步骤的人员一起工作，但我们应确保他们的需求与最终客户需求是一致的。不同的客户有不同的需求和处事优先顺序。当你领导实施一个精益六西格玛项目时，你需要了解项目目标如何与客户满意保持一致。

第2步：明确获取目标客户反馈的工具和技术。书面调查、焦点小组座谈和一对一访谈是收集信息的常用工具。在这一阶段最常见的错误之一就是过度依赖书面调查。虽然访谈和焦点小组座谈比书面调查需要花费更多的人力，但是它们能更有效地收集详细定性信息来帮助实施改善。

第3步：分析你收集的数据并以有意义的方式汇总信息。

第4步：制定一个时间表来持续地重新评估你的客户，以确保产品或服务达到甚至超过他们的要求。

7.14.4 示例

在此示例中，我们假设有客户想要从当地一家银行申请抵押贷款。在这个例子中，采用了书面调查和焦点小组座谈法。从客户的角度来看，他们希望的是友好和知识渊博的工作人员、更快的决策速度以及准确的信息。然而从银行的角度来看，客户之声不是那么清晰明了。因此，银行工作人员有必要回到客户那儿进一步了解他们的要求。与客户的进一步对话表明：①友好的工作人员是指愿意帮助客户解决问题，礼貌地接待客户等的人员；②知识渊博的工作人员是指从开始申请抵押贷款到结束的全流程中，理解和抵押贷款有关的金融问题，从而让客户得到最好的按揭，了解市场以及竞争对手及其产品等的人员。③决策的速度取决于应用文件本身（申请文件的长度），手写版还是电子版，检查客户所需的所有文件然后做最后的决定，等等。④信息的准确性意味着第一次就做对、第一次就给予正确的信息等。这个例子清楚地说明了，客户之声在开始时是模糊不清的，书面调查和焦点小组座谈法等简单工具可协助银行从一个抵押贷款的申请程序方面来理解客户的需要和期望是什么。

7.15 CTQ 和 CTQ 树

7.15.1 CTQ 是什么

CTQ 概念是精益六西格玛项目的基本组成部分。开发 CTQ 是为了实现有价值的客户需求。让客户满意是开发 CTQ 的一个主要动因。CTQ 分析产品或服务中由内部和外部客户关注的核心关键点（Gopalakrishnan，2012）。

CTQ 树反映了在流程中的客户所关注的关键成功因素。这将有助于澄清流程中的缺陷。当你想要调查客户群的特定需求而不是普通需求时，可以使用 CTQ 树（https://www.mindtools.com/pages/article/ctq-trees.htm）。

7.15.2 为什么需要 CTQ

把从客户之声中收集到的数据与具体和可衡量的质量指标相链接。

尤其是当客户需求空泛、含糊又复杂时，我们就要把重点放在一些对客户至关重要的质量特性上。

7.15.3 如何绘制 CTQ 树

可以使用下列步骤来绘制 CTQ 树：

第 1 步：识别你的产品或服务需要满足的关键需求。在这第一步，你必须问"这种产品或服务的关键卖点在哪里"？最好是广义定义这些需要从而确保你在以下几个步骤中不会错过任何重要的因素。

第 2 步：识别质量驱动力——满足客户需求的特定质量驱动力是什么？Kano 分析等工具将非常有助于理解质量驱动力以及这些驱动力的重要性。

第 3 步：识别性能要求。你需要确定每个质量驱动力的最低性能要求以提供优质的产品。一旦你针对每个关键需求完成了 CTQ 树，你会得到如何满足交付高质量产品所需的要求的列表，而且列表中的要求均可测量。

7.15.4 示例

下面是一个销售婴儿服装的商店的例子。与一些潜在客户沟通后，发现客户强调的关键需求之一就是"良好的客户服务"。然而，这个"良好的客户服务"对不同的客户可能意味着不同的事情。除非我们通过 CTQ 树理解质量要求相关的质量驱动力，否则很难理解良好的服务是由什么组成的。其 CTQ 树如图 7-14 所示。

```
需求                质量驱动力            性能需求
                                    ┌── 90%的购置和退款服务在2min内完成
                     ┌── 等待时间 ──┤
                     │              │
                     │              └── 所有电话在20s内接听
        ┌────────────┤
良好的   │           │              ┌── 所有进入门店的客户在30s内得到问候
客户服务 ┤           ├── 和蔼可亲 ──┤
        │           │   的员工    │
        │           │              └── 所有服务客户的员工在接待客户时面带微笑
        │           │
        └────────────┴── 退款政策 ────── 80%的客户对退款政策表示满意
```

图 7-14　CTQ 树的示例

7.16　项目章程

7.16.1　什么是项目章程

项目章程是介绍精益六西格玛改善项目概况的正式基本文档。它在 DMAIC 定义阶段编写完成。然而，你需要在项目实施的全过程中定期审查、提炼和修订这个文档。项目章程的组成部分可能会应项目的不同而有所变化。但是，项目章程一般包括业务案例、问题陈述、目标陈述、团队成员、成员角色、约束／边界和项目涉及的范围等内容。如果编写正确，项目章程会指导你如何组建和维持团队。这些指导原则使利益相关者和领导人便于管理，也会使项目全体成员顺利完成项目。

7.16.2　为什么需要项目章程

项目章程可以：

1）提供书面参考文件，使得团队成员可以经常回顾，从而保持一致的项目目标和范围。

2）授权精益六西格玛倡导者和项目团队调动用于项目的组织资源，形成与利益相关者沟通的基础。

3）保证项目专注于预定的目标和方向而不会发生偏离。

4）说明一个项目比其他项目优先的原因。

5）描述当前状态和期望状态之间的差距，特别是任何关于流程改进的项目。

7.16.3 如何编写项目章程

编写项目章程时,需要采取以下步骤:

第1步:明确业务需求。为什么这个项目很重要?为什么要现在开展这个项目?

第2步:准确陈述问题。量化问题对业务和客户的影响,每个团队成员必须理解问题的基线,为此可能需要收集相关数据。

第3步:定义项目的范围。明确项目的边界是什么,什么内容在范围内以及(有时甚至更重要)什么内容在范围外。

第4步:定义项目的目标。把那些实实在在的绩效改善设定为目标。

第5步:定义项目中每个团队成员的角色和职责,此外还要确定实施项目所需的资源。

第6步:定义项目以及阶段性可交付成果。

第7步:与项目发起人审查项目章程并获得批准。如果需要任何改动,必须进行修改并通过发起人批准。

7.16.4 示例

一家公司使用红外(IR)激光切割如玻璃、太阳能板等材料。激光束的横截面形状和传播特性对正在进行激光切割的材料和切割的质量有巨大影响。激光红外模式由一位激光系统工程师设置,使用光束增强器测量,通过正确地选择和定位四个镜头来规范激光切割。模式设置所需时间的长短差异极大,从2h到近40个h。这个问题已经持续了很长时间,并引起了高层管理者的关注。

该项目的任务设定为改善设置所需的时间,可通过以下措施加以实现:

1)减少原始模式的变动。
2)改善镜片选择和位置的可预测性。
3)确保可供选择镜头的相关性。

项目的目标是减少设置模式所需时间的变动。在改进的第一阶段,设置红外模式的时间目标是改进到 $6.5h \pm 1h$。任何超出 5.5h 和 7.5h 范围的事件均被视为缺陷。该项目预计每年节约近 10 万英镑。

项目团队成员包括:

1)两个六西格玛绿带。
2)生产经理。
3)项目倡导者。
4)项目发起人(制造总监)。
5)激光系统工程师。

7.17 假设检验

7.17.1 什么是假设检验

在许多统计问题中，我们很难知道参数分布的确切值。但我们容易知道它的分布是否超出一个既定值，或小于一个既定值，还是落入既定的区间内。因此，我们不估计总体的参数值，而是根据对被测参数的假设判断来确定总体的参数（Kiemele et al., 2000）。因此，我们做检验参数的假设。假设条件可以基于任何总体参数，即均值、方差、比例等。

因此，假设检验是通过确定的数据分析来检验假设的可用性。假设检验是在一系列标准的基础上决定接受或拒绝假设。在检验中，有零假设及备择假设。需要通过数据验证的假设被称为零假设，由 H_0 表示。备择假设（用 H_1 表示）是零假设被拒绝时而接受的假设（Montgomery et al., 2007）。

假设检验有均值、标准差、比例、独立性等检验。表 7-12 汇总了一些常用的假设检验。

表 7-12 各种类型的假设检验

情 景	检验名称
一个均值与一个常数的比较	单样本 t 检验
两组数据的均值比较	双样本 t 检验
多组数据的均值比较	方差分析（ANOVA）
标准差与常数的比较	卡方检验
两组数据的标准差比较	F 检验
多组数据的标准差比较	巴特利特球形检验
独立性检验	卡方检验

7.17.2 何时使用假设检验

假设检验用于下列情况：
1）用来证明或推翻任何有关流程的假设。
2）用于比较改善前后的流程。
3）推导出未知的总体参数。

7.17.3 如何进行假设检验

1）通过定义零假设（H_0）和备择假设将实际问题转换为统计问题。
2）确定要执行的检验。
3）使用 Minitab 软件获取测试的 p 值。
4）如果 $p<0.05$，则在 0.05 的显著性水平下拒绝 H_0。如果 $p<0.01$，

则在 0.01 的显著性水平下拒绝 H_0。

7.17.4 示例

案例 1

照相胶片的储存寿命是制造商关心的。制造商随机选择 8 个胶片观察其存储寿命，分别为 108 天、128 天、134 天、163 天、124 天、159 天、116 天和 134 天。如果说胶片的平均储存寿命大于 125 天，有证据吗？

解决方案

在这种情况下，设定 $H_0 : \mu=125$，$H_1 : \mu>125$。

这里要用 t 检验。使用 Minitab 软件（Minitab 版本 16）进行分析，输出如下：

Variable	N	Mean	St.Dev	Std.Error	t	p-value
Time	8	133.25	19.26	6.81	1.21	0.133

因为 p 值是 0.133，大于 0.05，所以我们接受零假设。这意味着没有证据表明胶片的平均储存寿命大于 125 天。

案例 2

在化工单元安装了一台新的过滤设备。在安装前后，随机样本得出的杂质百分比如下：$\bar{x}_1$=12.5，s_1^2=101.17，n_1=8，$\bar{x}_2$=10.2，s_2^2=94.73，n_2=9。你能由此得出结论，两个随机样本的方差是相等的吗？

解决方案

在这个例子里，$H_0 : \sigma_1^2=\sigma_2^2$，$H_1 : \sigma_1^2 \neq \sigma_2^2$

比较两种方差时，我们使用 F 检验。使用 Minitab 软件进行分析，输出如下：

Test

Method	DF1	DF2	F-statistic	p-value
F 检验	7	8	1.07	0.918

由于 p 值是 0.918，因此得出的结论是两个流程并无显著性差异。

7.18 回归分析

7.18.1 什么是回归分析

回归分析技术有助于用数学模型估计数据之间的关系及其相关程度。在回归分析中，用 $Y=f(X)$ 表明两个变量之间的函数关系。

最简单形式的回归分析是研究 X 和 Y 之间的线性关系，用 $Y=a+bX$ 表示。其中，a 和 b 是数据拟合计算出来的常量。这种类型的回归称为简单线性回归。一般基于最大似然（Draper et al.，2003）的原则估算系数 a 和 b。

多元线性回归公式如下：

多元线性回归 $=a_0+a_1X_1+a_2X_2+a_3X_3+\cdots+a_kX_k$

其中的 a_1，a_2，…，a_k 是常数。

7.18.2 何时使用回归分析

回归分析用于研究变量之间的关系（Montgomery et al.，1982），为输入变量和输出变量建立关系模型，有助于研究变量间的因果关系。一旦建立回归模型，你就可以通过提供单一输入或多个输入来预测输出。

7.18.3 如何做简单的线性回归分析

使用下列步骤来创建简单的线性回归分析：

1）收集 X 和 Y 的数据。

2）估计方程 $Y=a+bX$ 中的常量 a 和 b（使用 Minitab 软件）。

7.18.4 示例

利用表 7-8 温度和强度的数据（见第 7.10.4 小节），形成简单的线性回归方程 $Y=a+bX$。为此，在 Minitab 软件中输入两列数据后进行分析，输出如图 7-15 所示。

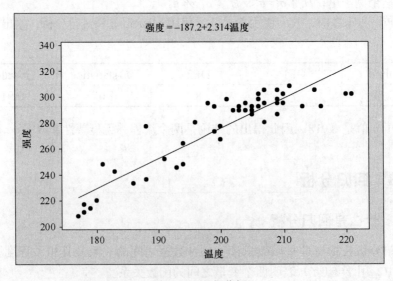

图 7-15　回归分析

通过计算，我们得到方程：强度 = –187.2+2.314× 温度。这个方程可以用于预测任何温度下的强度值。

7.19 看板系统

7.19.1 什么是看板系统

看板是用于启动一个动作的视觉信号系统。看板这个词在日语中是指"卡片"。看板系统是作业调度系统。它通过减少空闲时间来最大化生产效率。看板始于客户订单并传递至生产流程。看板是基于客户订单的拉动式生产系统。只有在有看板的时候才能制造（或下单）零件。看板用于六西格玛方法的改进阶段。

看板用于拉动式生产系统。在这个系统里，客户订单构成产品制造的基础。看板系统简单易用，根据需求把所需数量的产品交付至适当的位置。拉动式生产系统从成品的视角可视化了制造的流程。用基于代表客户需求的订单来控制和安排生产工作。

看板系统的规则：
1）看板授权生产和移动零件。
2）容器/箱必须总是伴有看板。
3）看板的先后次序决定了零件制造的优先顺序。
4）看板指定标准的生产数量。
5）看板不允许传递有缺陷的零件。

7.19.2 何时使用看板系统

1）建立库存上限管理。
2）寻找提高效率的机会。
3）改善生产的灵活性。
4）聚焦持续准时的交付能力。
5）提高生产效率。

7.19.3 如何创建看板

1）绘制价值流程图。
2）确认看板系统的起始点和结束点。

3）对初始的 WIP 数量和变更程序达成一致。

4）开发看板。

5）启动部署。

使用下列公式来计算看板的数量（Haslett et al.，2000）。

$$看板的数量 = \frac{交货期内的平均需求 + 安全库存}{容器数量}$$

$$N = \frac{dL+S}{C} \quad (7.1)$$

式中　N——看板的数量。

　　　d——每小时平均需求。

　　　L——以小时为单位的交货时间。

　　　S——安全库存。

　　　C——容器数量。

7.19.4　示例

A 公司每日生产 100 个组件，工作 8h。计算看板大小和所需看板的数量，按规定补货时间为 20h，批量为 60 个组件。

$$看板容量 = \frac{每日生产率 \times 补货时间}{可用时间} = \frac{100 个 \times 20h}{8h} = 250 个 \quad (7.2)$$

$$看板的数量 = \frac{看板容量}{批量} = \frac{250 个}{60 个} = 4 \quad (7.3)$$

看板示例如图 7-16 所示。

零件描述		零件图号		
M-环		4123339		
数量	250	交货时间	1 周	订单日期	06/03/2015
供应商		1 M/s XYZ环公司	到期日		13/03/2015
联系人		Kumar先生		4个看板中的第1个	
				位置	货架112

图 7-16　看板示例

7.20 防错

7.20.1 什么是防错

防错是日语中的一个术语，意味着避免错误（Shingo，1986）。其目标是通过预防、矫正和改正人为错误以消除产品缺陷。新乡重夫（Shigeo Shingo）为防错概念的提出做出了重要贡献。防错是为了实现零缺陷和取消检验。防错通过细致分析错误的原因来预防错误。防错表现为各种设备或装置。这些设备或装置可以防止或检测到可能影响产品质量或员工健康和安全的异常。防错包括预防和检测两个类别。预防是管理流程，从而可能防止缺陷或错误的发生。检测是在发生错误时及时发出信号以纠正错误或警告用户。

7.20.2 何时使用防错

防错的理念是把重点放在通过员工的智慧避免重复活动。防错是让工人可以专注于增值活动（Shingo，1986）。防错使用技术来使员工不可能犯错。这些防错机制消灭产品/工艺的缺陷并提高质量和可靠性。在产品和工艺设计中应用简单的防错可以消除机械和人为的错误。

防错有以下几种类型：

1）接触防错。接触式防错装置是采用物理形状防止使用与之前工序孔不匹配的错误的零部件、销轴。这个防错机制通过与产品的物理接触以提示错误。

2）固定值防错。这种类型防错使用物理和视觉的方法以确保组件数量准确。

3）运动停止防错。这些设备确保已经采取了足够数量的步骤以及按顺序执行各步骤。

7.20.3 如何使用防错

下面给读者介绍如何按部就班地应用防错的概念（Stewart et al.，2000）：

1）使用帕累托分析，识别流程或操作过程中频繁发生错误的地方。

2）使用 5 个为什么或根本原因分析（请参阅第 7.21 节）探索和分析流程失效的地方。

3）选择适当的防错方法。

4）开发一个全面的防错方法。

5）从接触防错、固定值防错或运动停止防错装置中选择适当的方法消灭可能发生的错误。

6）通过试验探讨其可行性。

7）为操作人员提供适当的培训，评估他们的表现，以确保成功。

7.20.4 示例

1）干扰销可防止工人用错误的方式安装部件（Dvorak，1998）。
2）在饮料自动售货机使用推和上抬的符号（Mahapatra et al.，2007）。
3）手机 SIM 卡只可在一个方向上实施安装（Lockton et al.，2010）。

7.21 根本原因分析或 5 个为什么分析

7.21.1 什么是根本原因分析

根本原因分析或 5 个为什么分析是快速发现问题根源的一个简单但功能强大的工具。你可以使用这个工具一劳永逸地解决问题。日本工业革命之父之一丰田佐吉在 20 世纪 30 年代开发了这个解决问题的工具，20 世纪 70 年代这个工具开始风靡全球。丰田今天仍然用它来解决与质量和流程相关的问题。

当答案是来自有相关流程实际操作经验的人员时，根本原因分析最为有效。它出人意料地简单：当问题发生时，通过至少问 5 次"为什么"，你可以让问题的性质和来源大白于天下（http：//asq.org/service/body-of-knowledge/tools-5whys）。

7.21.2 何时使用根本原因分析

根本原因分析用于：
1）在解决问题时，需要确定产生问题的根本原因时。
2）当问题涉及人为因素或因素之间有交互影响时。
3）与头脑风暴和因果分析并肩作战。

7.21.3 如何实施根本原因分析

第 1 步：确定参与这一流程的关键利益相关者。
第 2 步：确定你想要分析的问题（例如为什么销售额下降），清楚地识别并记录问题或疑问。
第 3 步：识别对问题的适当反映（例如人们不喜欢我们的产品）。
第 4 步：询问"为什么"得到前一个问题（例如为何大家不喜欢我们的产品）的答案。
第 5 步：继续执行这些步骤，直到你得到根本原因。这通常不需要问 5 遍以上"为什么"。

7.21.4 示例

一位质量经理意识到，自己团队的大多数成员花了大量时间去审查和纠正文件。在员工会议上，大家开展了确定根本原因的分析。图 7-17 所示为原因分析示例。出现上述问题的根本原因是没有以标准的程序来准备文件。而且，在此示例中发现的一个普遍存在的问题是，团队成员一直缺乏这方面的培训。

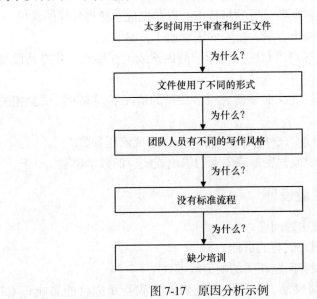

图 7-17 原因分析示例

7.22 试验设计

7.22.1 什么是试验设计

试验设计（DoE）是一项可用于流程优化的强大技术。DoE 允许调整多个输入因素，以便确定对所需输出（响应）的影响。在精益六西格玛项目中，其响应可以是 CTQ。通过在同一时间调整多个输入，DoE 可以识别它们之间重要的交互作用。这些交互作用可能在只针对单一因素做的试验时未被发现（Montgomery，1991），可以调查所有可能的组合（全因素）或部分可能的组合（部分因素）。

许多当前的 DoE 统计方法源于罗纳德·A. 费雪（Ronald A.Fisher）在 20 世纪早期所做的工作。一个好的 DoE 可能提供针对下列问题的答案：

1）流程中的关键因素或流程中的变量或流程的输入是什么？
2）什么样的设置使得流程能提供可接受的绩效？
3）流程中的关键效应、主效应和交互效应是什么？
4）什么设置会降低输出或响应或 CTQ 的误差？

7.22.2 何时做试验设计

DoE 在以下情况最为适用：
1）确定因素或流程参数设置的最佳组合以最低成本获得最好的输出。
2）识别和量化对输出有最大影响的因素或工艺参数。
3）识别对质量或客户满意度没有影响的因素或流程参数，并将其设置在最经济的水平。
4）在只有最低预算而又必须研究很多变量的情况下，减少与试验相关的时间和成本。
5）理解影响响应或 CTQ 的均值和方差的因素或流程参数。
6）建立一个对关键流程变量或因素的输出或响应的数学模型。

7.22.3 如何开展试验设计

第 1 步：定义流程中的问题。
第 2 步：确定并同意试验的目标。
第 3 步：确定与现有问题相关的响应或 CTQ。
第 4 步：进行头脑风暴，讨论所有的潜在流程变量或可能影响该 CTQ 的因素。
第 5 步：识别流程参数和它们的试验水平。
第 6 步：根据一组标准选择一种试验方案（这可能包括问题的复杂性、需要优化的程度、实验目标、成本影响、统计的稳定性等）。
第 7 步：使用 Minitab 或其他软件设计试验。
第 8 步：进行试验并收集数据，数据可以直接输入 Minitab。
第 9 步：分析数据，解释结果。
第 10 步：确定所调查过程的最优设置。
第 11 步：做确认试验来验证试验结果的准确性和可用性。
第 12 步：获取经验教训——哪些做得好以及哪些做错了？

7.22.4 示例

一位在中小企业工作的化学工程师急于提高化学反应过程的产出率。继与

第 7 章 适用于中小企业基本和先进的精益六西格玛工具

生产主管、生产工程师、质量工程师、操作者和过程改进工程师在公司的头脑风暴会议后,他认为三个潜在过程参数会影响产出率。表 7-13 所示为参数及其水平。

表 7-13 过程参数及其水平

过程参数	符号	低水平	高水平
温度	T	80℃	120℃
压力	P	50psi⊖	70psi
反应时间	R	5min	15min

团队想了解所有三个工艺参数和它们之间交互作用(如果存在)的影响。重要的是分析所有因素的两两交互作用。因此就有了 2^3 的全因素 DoE(即运行 8 个试验)。每个试验的条件复制三次以获得准确的误差估计(或误差方差)。

采用 Minitab 软件(版本 16)设计 DoE 方案。表 7-14 展示了在每个试验条件下产出率与工艺参数的实际设置。

表 7-14 试验数据

试验	T	P	R	产出率1(%)	产出率2(%)	产出率3(%)
1	80	50	5	61.43	58.58	57.07
2	120	50	5	75.62	77.57	75.75
3	80	70	5	27.51	34.03	25.07
4	120	70	5	51.37	48.49	54.37
5	80	50	15	24.80	20.69	15.41
6	120	50	15	43.58	44.31	36.99
7	80	70	15	45.20	49.53	50.29
8	120	70	15	70.51	74.00	74.68

图 7-18 说明了对产出率影响的帕累托图。如图所示,T(温度)、R(反应时间)的影响以及压力(P)与反应时间(R)之间的交互作用在 5% 的显著性水平(即风险)下是显著的。有趣的是,压力(P)对产出率没有显著的影响。分析 P 与 R 的交互作用可以帮助确定最佳参数设置以优化化学反应,提高产能。

图 7-19 表明压力和反应时间存在较强的交互作用。很明显,在不同压力下,反应时间的影响是不同的。当压力保持在低水平(50psi)、反应时间处于高级别

⊖ 1psi=6894.757Pa。

（15min）时，产出率最低。

压力和反应时间保持在低水平时产出率最高。有趣的是我们观察到交互作用在本例中最关键。如果只用单一因素或者一次一个因素（OFAT）方法就很容易忽略交互作用的影响。我们没有发现温度和压力以及温度和反应时间的交互作用的显著性。

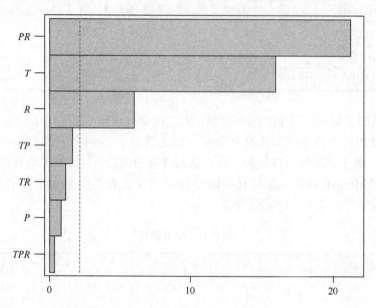

图 7-18　对产出率影响的帕累托图

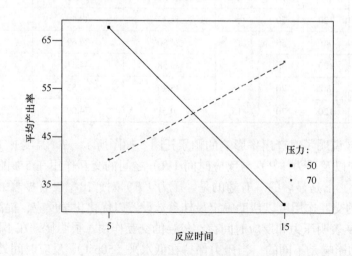

图 7-19　压力和反应时间的交互作用

7.23 流程图

7.23.1 什么是流程图

流程图是一个流程或几个流程组合的可视化表示形式。通过识别改进机会，流程图有助于改善正在研究的流程（Ward，2007）。虽然这项研究开始是从更广泛的角度来审视整个过程的重要性，但随着研究的进展，它后来缩小到了单个步骤。流程图涉及理解、建文档、做分析和改进流程（Anjard，1996）的步骤。

7.23.2 何时使用流程图

使用流程图可确定研究流程的顺序。流程图可用于任何产品或服务（Okrent et al.，2004）。流程图用来评估个人或团队的表现，并验证工作程序。绘制流程图是为了直观地反映流程的当前状态和识别改进的机会，以实现改善产品或服务的质量，提高客户满意度。绘制流程图有助于识别合适的实践和基准测试程序来确保更好的产品销售。

流程图可以用于以下几方面：

1）显示：出人意料的复杂性、有问题的区域、冗余、不必要的循环以及可以再简化和标准化的地方。

2）比较和对比实际的和理想的流程，以确定改进的机会。

3）允许团队对流程的步骤达成协议，并检查哪些活动可能会影响流程的效率。

7.23.3 如何建立流程图

第1步：决定流程的范围。换句话说就是，确定这一流程从哪里开始，在哪里结束。

第2步：要求团队成员从他们自己的角度分别记录流程中的每个步骤，关心在大多数时间里发生了什么。

第3步：团队成员应将便签贴在墙上，重复步骤需重复贴便签。

第4步：团队成员在流程中发现问题并且反映在单独的翻页纸上。这在以后将很有价值。

第5步：使用符号来描述（绘制）流程：

1）椭圆形符号表示流程的开始和结束。

2）矩形符号表示在流程中所参与的任务或活动。

3）箭头符号表示工艺流程的方向。

4）菱形符号表示正在处理决定。

第 6 步：当人们对当前面临的流程问题达成共识时，他们在不同的翻页纸上写下共同商定的解决方案。强烈建议举行头脑风暴会议以改善目前的流程。

7.23.4 示例

图 7-20 显示了一个泵的制造流程的工艺图。

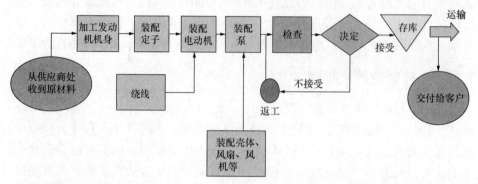

流程图是以目视化的形式展示一个流程。它自始而终地描述了流程的顺序。流程图可用于分析流程中存在的任何问题。另外，价值流程图展示了从收到客户订单直至产品交付到客户手中整个过程的流动。我们借助价值流程图识别流程中那些为客户增加价值和没有增加价值的步骤。价值流程图目视化地呈现了信息流和产品流

图 7-20　流程图示例

7.24　测量系统分析

7.24.1 什么是测量系统分析

测量和数据采集是精益六西格玛项目的一个组成部分。从任何流程中收集到的数据都会表现出一定的变异性。有些观察到的变化是在这个流程中固有的变异，其余的变异是由于测量系统的变化而产生的。测量系统由三部分组成，即仪器或量具、检验人员和零件或部件。因此，测量系统的变异性是由这三个因素及其交互作用生成的。通过对测量系统变异性的综合研究，评价一个测量系统的能力，就是测量系统分析（MSA）。

测量系统分析包含两个不确定性因素：重复性和再现性。它们的组合被标记为测量系统的精度。重复性反映的是当相同的产品在同一时间被一次又一次测量而不改变它的位置或评价它的人时，一个测量系统中发生的变化。这种不确定性估计是你可以从一个测量系统不改变设备或测量过程所得到的最小的

第 7 章　适用于中小企业基本和先进的精益六西格玛工具

误差。再现性是在不同的条件下重现测量时发生的变异。这些不同的条件包括评估的差异、定位的差异、不同的时间和不同的校准。当这个值高的时候，意味着测量过程是不合格的（https：//www.moresteam.com/toolbox/measurement-system-analysis.cfm）。

7.24.2　何时使用测量系统分析

在任何采集数据的过程之前，都需要 MSA。这种分析确保在测量之前评估和控制由于测量系统的变化而引起的变异。因此，MSA 对区分过程固有变异和测量系统变异起着至关重要的作用。因此，我们建议在精益六西格玛项目测量阶段，在数据采集之前使用 MSA。

7.24.3　如何创建测量系统分析

在测量系统分析过程中，测量估计重复性（在相同的条件下重复测量时的差异）和再现性（由不同的操作者读数时测量的差异）可以大概了解量具的重复性和再现性（Gage R&R），用总变异的百分比表示（AIAG，2002）。

进行测量系统分析来评估量具的 R&R 步骤如下：
1）选择量具进行该项研究并确定至少两个检验员进行测量。
2）选择 10 个零部件用于测量。
3）每个检验员测量每个零部件至少两次（相同的次数）并记录数据。因此，如果有 10 个零部件，则由两名检验员测量两次，将总共得到 40 个数据。
4）用 Minitab 进行分析，在三个列中分别输入零部件编号、检验员和实测数据。
5）用 Minitab 命令 Stat→Quality Tools→Gage Study→Gage R&R Study（Crossed），进行 MSA 数据分析。

根据 Minitab 分析输出做出适当的决定。测量系统的验收标准如下：
1）如果 Gage R&R 值小于总变异的 10%，那么测量系统可接受。
2）基于应用、测量设备的成本、维修费用等因素，如果 Gage R&R 值是总变异的 10%~30%，则测量系统可接受。
3）如果 Gage R&R 值是超过总变异的 30%，那么测量系统不能接受，应做改进。

7.24.4　示例

在此示例中，我们考虑两位检验员 A 和 B 一直在使用千分尺测量 10 个零件的厚度。每个零件测量两次，测量数据见表 7-15。

表 7-15 用于 Gage R&R 研究的数据

检验员	零部件数	零部件编号									
		1	2	3	4	5	6	7	8	9	10
A	1	0.09	0.10	0.11	0.08	0.09	0.08	0.08	0.08	0.09	0.08
	2	0.10	0.11	0.10	0.08	0.08	0.08	0.08	0.08	0.08	0.09
B	1	0.09	0.10	0.10	0.08	0.09	0.08	0.09	0.09	0.09	0.08
	2	0.10	0.10	0.10	0.07	0.09	0.08	0.09	0.08	0.09	0.08

用 Minitab 软件分析表 7-15 中的数据，给出的结果见表 7-16。

表 7-16 Minitab 中测量系统分析的输出

来　源	标　准　差	变异（％）
总 Gage R&R	0.0053820	55.04
重复性	0.0053820	55.04
再现性	0.0000000	0.00
零件间的变异（Part-to-part）	0.0081638	83.49
总变异	0.0097782	100.00

在表 7-16 中，Gage R&R 是 55.04%。因为这个值超过了 30% 的可接受范围，所以该测量系统不适合继续收集数据。必须考虑通过采取如校准仪器、培训检验员或查验检验流程等改进行动来改善测量系统。实施改进行动之后，我们建议再次进行 MSA，以确认测量系统的改进效果。

如果测量系统中有超过 30% 的误差，第一步改进措施是分析误差源。如果误差主要来源于重复性，就必须改进设备或量具。同样，如果再现性是最大误差来源，则对测量人员进行培训并确保其遵守标准的测量流程也可以改善测量系统。

7.25　可选方案矩阵图

7.25.1　什么是可选方案矩阵图

可选方案矩阵图（SSM）用矩阵的方式，通过对不同标准加权来评估几种问题解决方案，从而从几种解决方案中确定最佳解决方案。因此，它帮助团队通过系统的方法（选择、加权和应用标准）比较解决问题的方案来缩小选择项。对于质量改进活动，SSM 可以用于选择项目和评估哪个解决方案或决策是最可行的。

7.25.2　何时使用可选方案矩阵图

在以下几种情况下，适用 SSM 来解决问题：
1）从一组备选方案中选择一个最优方案。
2）必须在几个不同标准的基础上做决定。
3）有许多良好的备选方案，而又需要考虑许多不同的因素。

7.25.3　如何使用可选方案矩阵图

SSM 将所有可能的解决方案作为行，将评估标准作为列。然后给出每个标准的权重，以及每个标准下每个方案的得分，两者相乘再加总得到每个解决方案的总分。具体步骤如下：

第 1 步：通过头脑风暴提出解决方案的评价标准。如果可能的话，在此过程中得到客户的反馈。

第 2 步：讨论和改进标准列表。识别必须包含的标准和不需要包含的标准。优化标准列表，只列出团队坚信是最重要的标准。在这里，可以使用如多重投票的工具。

第 3 步：列出所有可能的解决方案并把它们放入"行"中，将需要考虑的标准放入"列"中。

第 4 步：相对于标准，给每个解决方案从 0 分（差）到 5 分（非常好）打分。注意，你不需要为每个解决方案打不同的分——如果对于某一个你所决定的特定的标准而言，没有一个方案是好的，那么所有选项应该都得 0 分。

第 5 步：确定你决策列表中每条标准的重要性，用数字从 1 到 9 表示，1 意味着该标准对最终决策无足轻重，5 代表中等重要，而 9 代表举足轻重。我们完全可以接受某些标准具有同样的重要性。团队可以根据要求对标准的重要性分配 1 到 9 之间的任何分数。

第 6 步：现在将第 4 步得到的分数乘以第 5 步的重要性打分，就得到每种解决方案针对某一标准的加权分数。

第 7 步：最后，汇总每个解决方案的加权分数。得分最高的解决方案不一定会被选择，但可以通过打分促进团队成员对每种方案进行充分讨论，从而有助于团队达成共识。

7.25.4　示例

针对一家为大型汽车公司生产零配件的制造型公司的核心流程问题，一位精益六西格玛黑带提出了四种可能的解决方案。对于精益六西格玛黑带来说，在需要权衡多个标准的情况下，选择合适的解决方案并非易事。黑带决定使用SSM来帮助自己决策。以下是最初选择的、可能会影响解决方案的标准：

1）易于实施。
2）对客户满意度的影响。
3）对业绩的影响。
4）潜在风险。
5）实施成本。
6）保持成本。
7）直到问题完全解决所需的时间。
8）投资回报。
9）团队成员的热情参与。
10）解决方案对其他流程、系统的潜在影响。

对上述标准进行了多重投票分析，并决定仅选用四个标准用于比较解决方案。选择的四个标准是：

1）易于实施（I）。
2）对客户满意度的影响（S）。
3）实施成本（C）。
4）潜在风险（R）。

表7-17列了所有可能的解决方案以及标准，权重取值范围从1到9（1=无足轻重，5=中等重要，9=举足轻重）。此外，每个解决方案的得分从0（差）到5（非常好）。

表7-17 可选方案矩阵标准

潜在解决方案	I（6）	S（9）	C（7）	R（6）	合计分值
解决方案1	12（6×2）	27（9×3）	35（7×5）	18（6×3）	92
解决方案2	24（6×4）	18（9×2）	28（7×4）	18（6×3）	88
解决方案3	12（6×2）	36（9×4）	14（7×2）	24（6×4）	86
解决方案4	24（6×5）	45（9×5）	21（7×3）	24（6×4）	120⊖

注：基于制定的标准，对每个解决方案打分。例如，解决方案4是容易实施的，所以在容易实施的标准下得5分。解决方案4对客户满意度具有举足轻重的作用，因此在对客户满意度的影响方面得5分。然而，采取解决方案4成本较高，因此在这个标准项得3分。解决方案4相关的风险较低，团队决定给予4分。总得分最高的解决方案被认为是最好的解决方案。根据表7-17，解决方案4是最好的选择

⊖ 原版书为114，但经计算 6×5+9×5+7×3+6×4=120。——译者注

7.26 总结

本章提供了一个精益六西格玛用于解决问题的工具清单。工具的应用范围从基础工具如流程图、CTQ 和 CTQ 树，到高级工具如 DoE、FMEA 等。我们相信，这一章所涵盖的每一个工具都能在解决问题时发挥其特定的作用。成功的关键在于在正确的时间，以正确的态度应用正确的工具。精益六西格玛方法的优点是：DMAIC 理论以逻辑顺序和严谨的方法集成应用各种有效的工具和技术来解决问题。本书作者通过一个简单的列表（表 7-18）来总结每个阶段最好使用什么工具。

表 7-18 DMAIC 方法中的工具和技术的总结

定义	测量	分析	改进	控制
项目章程	VSM	直方图	DoE	SOP
SIPOC	流程图	因果分析	FMEA	目视化管理
VSM	CTQ 和 CTQ 树	根本原因分析	看板系统	5S 管理
VOC 分析		帕累托分析	可选方案矩阵图	控制图
		散点图	快速换模	运行图
		相关分析		防错
		运行图		
		控制图		
		假设检验		
		回归分析		
		FMEA		

参考文献

Adams, A., Kiemele, M., Pollack, L. and Quan, T. (2004). *Lean Six Sigma: A Tools Guide*. 2nd ed. Colorado Springs, CO: Air Academy Associates.

AIAG (2002). *Measurement Systems Analysis, Reference Manual*. 3rd ed. Southfield, MI: Automotive Industry Action Group.

Anjard, R. P. (1996). Process mapping: One of three, new, special quality tools for management, quality and all other professionals. *Microelectronics Reliability* 36(2): 223–225.

Asaka, T. and Ozeki, K. (1990). *Handbook of Quality Tools: The Japanese Approach*. Cambridge, MA: Productivity Press.

Doolen, T. L. and Hacker, M. E. (2005). A review of lean assessment in organizations: An exploratory study of lean practices by electronics manufacturers. *Journal of Manufacturing Systems* 24(1): 55–67.

Draper, N. R. and Smith, H. (2003). *Applied Regression Analysis*. 3rd ed. New York:

John Wiley.

Dvorak, P. (1998). Poka-Yoke designs make assemblies mistake-proof. *Machine Design* 70(4): 181–184.

Evans, J. R. and Lindsay, W. M. (2005). *An Introduction to Six Sigma and Process Improvement*. Mason, OH: Thomson South-Western.

Gopalakrishnan, N. (2010). *Simplified Lean Manufacture: Elements, Rules, Tools and Implementation*. New Delhi: PHI Learning.

Gopalakrishnan, N. (2012). *Simplified Six Sigma: Methodology, Tools and Implementation*. Chennai: PHI Learning.

Haslett, T. and Osborne, C. (2000). Local rules: Their application in a kanban system. *International Journal of Operations and Production Management* 20(9): 1078–1092.

Hines, P. and Rich, N. (1997). The seven value stream mapping tools. *International Journal of Operations and Production Management* 17(1): 46–64.

Kiemele, M. J., Schmidt, S. R. and Berdine, R. J. (2000). *Basic Statistics: Tools for Continuous Improvement*. 4th ed. Colorado Springs, CO: Air Academy Press and Associates.

Lockton, D., Harrison, D. and Stanton, N. A. (2010). The design with intent method: A design tool for influencing user behavior. *Applied Ergonomics* 41(3): 382–392.

Mahapatra, S. S. and Mohanty, S. R. (2007). Lean manufacturing in continuous process industry: An empirical study. *Journal of Scientific and Industrial Research* 66(1): 19.

Montgomery, D. C. (1991). *Design and Analysis of Experiments*, 3rd ed. New York: John Wiley.

Montgomery D. C. (2009). *Introduction to Statistical Quality Control*. 6th ed. New York: John Wiley.

Montgomery, D. C. and Peck, E. A. (1982). *Introduction to Linear Regression Analysis*. New York: John Wiley.

Montgomery, D. C. and Runger, G. C. (2007). *Applied Statistics and Probability for Engineers*. 4th ed. New York: John Wiley.

Moreira, A. C. and Pais, G. C. S. (2011). Single minute exchange of die: A case study implementation. *Journal of Technology Management and Innovation* 6(1): 129–146.

Murata, K. and Katayama, H. (2010). Development of Kaizen case-base for effective technology transfer: A case of visual management technology. *International Journal of Production Research* 48(16): 4901–4917.

Okrent, M. D. and Vokurka, R. J. (2004). Process mapping in successful ERP implementations. *Industrial Management and Data Systems* 104(8): 637–643.

Pyzdek, T. and Keller, P. A. (2003). *The Six Sigma Handbook*, Vol. 486. New York: McGraw-Hill.

Rojasra, P. M. and Qureshi, M. N. (2013). Performance improvement through 5S in small scale industry: A case study. *International Journal of Modern Engineering Research* 3(3): 1654–1660.

Shingo, S. (1986). *Zero Quality Control: Source Inspection and the Poka-Yoke System*.

Cambridge, MA: Productivity Press.
Stewart, D. M. and Melnyk, S. A. (2000). Effective process improvement: Developing Poka-Yoke processes. *Production and Inventory Management Journal* 41(4): 48–55.
Tapping, D., Luyster, T. and Shuker, T. (2002). *Value Stream Management: Eight Steps to Planning, Mapping, and Sustaining Lean Improvements*. New York: Productivity Press.
Ward, A. C. (2007). *Lean Product and Process Development*. Cambridge, MA: Lean Enterprise Institute.

第 8 章

精益六西格玛的项目选择

8.1 什么是精益六西格玛项目

精益六西格玛是一种使我们了解流程的方法，有助于我们改进这些流程。企业发展需要增加市场渗透率，提高组织效率，或降低运营业务成本，这为进行精益改善提供了广泛的基础。因此，精益六西格玛的主要目标是提高客户满意度和利润率，通过消除缺陷提高利润，从而提高盈利能力。所以，基于数据和对它们的分析，精益六西格玛致力于减少误差，促进流程改进。精益六西格玛方法论在组织内的实施是通过逐个项目进行的。首先，确定需要改进的方面，然后将它规划为精益六西格玛项目，再把这个项目分配给团队来执行。团队为这个项目而工作，并在规定的时间内完成它。

由于每个精益六西格玛项目均需要在时间和资源方面进行巨大的投资，因此你要确保确实需要用精益六西格玛方法对这些项目进行非常详细的研究。因此，有其他显而易见解决方案的问题不应被列为精益六西格玛项目。换而言之，如果在开始解决问题时根本原因就是未知的，那这就是一个潜在的精益六西格玛项目（Breyfogle，2003）。

8.2 项目的选择和优先顺序

黄带人员和绿带人员是中小企业实施任何精益六西格玛的基础和根本。因此，组织应确保从事项目的黄带人员和绿带人员有着强烈的责任感和工作激情。只有组织高层确保在组织内建立一个合适的、有利于结果导向的团队合作环境，这样才能有助于达成目标。为此，管理层应该从精益六西格玛项目选择阶段直到项目完成，都对黄带人员和绿带人员提供正确的支持和鼓励。

每个组织都会有相当多的问题。在项目选择阶段，需要回答什么项目应该作为精益六西格玛项目。在有些组织中，人们普遍认为，只选择在可能会产生庞大资金节约的项目中实施精益六西格玛。因此在选择过程中,并没有用精益六西格玛方法来考虑很多关键问题。因此,要在管理层内讨论什么类型的项目应被选为精益六西格玛项目。

选择项目之前,最好制定一个精益六西格玛项目的选择策略。这需要解决两个重要的问题,即谁将选择项目以及如何选择项目。最好是由团队最终确定项目,而不是由个人选择项目。这个团队可以包括高层管理者、倡导者和赞助者,相关流程的责任人也可以纳入团队。高层管理者的存在是不可或缺的,因为他们比其他人更了解组织中的轻重缓急。这个团队最好能包括财务和会计部门的代表。他们的参与有助于评估精益六西格玛项目带来的财务收益,因为他们更了解财务(Kumar et al., 2009)。

当选择项目时,一般有两种模式可以遵循:可以是高层管理者选择一个项目交给精益六西格玛项目团队执行,也可以由精益六西格玛团队确认一个项目并请求高层批准。在这两种情况下,高层管理者都有最终的项目审批权。

对中小企业来说,不建议在推行伊始就选择任何战略性项目,因为战略性项目比精益六西格玛项目占用更多时间。确保第一批精益六西格玛项目与组织运营相关并按时完成是非常重要的。组织通常有不同的机制来识别改进的机会。因此,项目的选择要适合其工作文化和惯例。本章介绍了两种适合中小企业选择项目的方法:一种是基于投入 - 结果矩阵,另一种是基于标准的优先次序。

基于投入 - 结果矩阵选择优先项目是最简单的方法,这种方法通过评估在完成一个项目过程中所付出的努力以及项目对组织的影响(利益)来选择投入少、见效大的项目。项目周期、精益六西格玛项目成功完成所需的人力资源和财务资源,均被认为是"投入"。而过程和业务的输出被评估为"结果"。因此,结果可以是成本降低、按时交货、投资回报等。通常在把投入和结果分成两个级别,即"低"和"高"后,会制作一个投入 - 结果矩阵。图 8-1 就是一个典型的投入 - 结果矩阵。

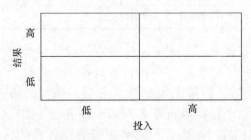

图 8-1 投入 - 结果矩阵

如图 8-1 所示,基于投入 - 结果"高"和"低"的不同组合,我们得到四种可能"低投入""高结果"组合最喜闻乐见。在精益六西格玛实施初期,在每个组织中都会有相当大一部分项目属于这个范畴。如果团队选择这样的项目,就可以快速获得成功。因此,通过这类项目,团队可以学习精益六西格玛方法论。

选择项目的第二种方法是根据业务模式确定各种标准。使用这种方法时,第一要务是确定选择项目的标准,然后基于优先顺序给每个标准打分。一般情况下,可以给一个1~10的分数。因此,最优先的标准给予10分,最不优先的标准给予1分。然后参照标准对所有可能的项目进行评估,再计算每个项目的总分。最后,基于总分选择精益六西格玛项目。最高评分代表了项目列表中最优先的项目。

可以从以下几个方面考虑标准的制定:
1)与战略目标直接相关。
2)为利润绩效做出贡献。
3)关键客户及利益相关者直接受益。
4)可以在3~6个月内完成。

下面是一个汽车供应商基于标准选择项目的例子。

首先,团队讨论了用于项目选择的标准,并根据其重要性,对每个标准进行1~10分的评分。这里共有四个标准被选中。表8-1列出了选定的标准和相应的分数。

表8-1 标准和分数

序号	标准	分数
1	与战略目标直接相关	9
2	为利润绩效做出贡献	5
3	关键客户及利益相关者直接受益	7
4	可以在3~6个月内完成	8

一旦完成标准和评分,团队与倡导者便一起从各个流程中精挑细选出四个项目,然后针对每个标准对这些项目进行排名,将打分值写在相应的单元格中,见表8-2。最后,为每个项目计算总分。例如,第一个项目"减少原材料库存量"针对四个标准进行排名。基于重要性,团队针对每个标准各自给出的排名为7、6、2、2。然后,这些排名乘以各自的标准的分数再累加,$7×9+6×5+2×7+2×8$得出总分123。

表8-2中的最后一列为每个项目的总分。第二个项目"降低研磨作业的返工和报废",得到的总分最高,因此被选为精益六西格玛项目。

表 8-2 选择项目的标准和总分

项　　目	与战略目标直接相关（9）	为利润绩效做出贡献（5）	关键客户及利益相关者直接受益（7）	可以在 3~6 个月内完成（8）	总　　分
减少原材料库存量	7	6	2	2	123
减少研磨作业的返工和报废	5	9	7	8	203
改善喷油器装配的直通率	5	8	8	3	165
改善喷油器装配的交货及时率	7	3	9	2	157

因此，在中小企业里，你可以使用投入-结果矩阵或基于标准的打分方法来选择项目，以确保能从流程中识别重要的项目。

8.3　项目评审管理

评审项目进展对精益六西格玛实施的成功起着至关重要的作用，每个精益六西格玛项目需要执行两类评审：由高层管理者或倡导者执行第一类评审，由精益六西格玛专家执行第二类评审。在中小企业中，精益六西格玛专家是一位可以指导精益六西格玛项目的、经验丰富的绿带人员。

高层管理者评审的重点是项目的时间、项目目标和与企业战略的契合等项目总体进展。这些评审能保证精益六西格玛团队顺利运作。对任何精益六西格玛团队需要的预算或其他支持，也需要安排时间评审。这些评审通常可以在完成 DMAIC 的每一个阶段后进行。以下问题可作为高层管理者或倡导者评审项目的重点：

1）项目是否按计划执行？
2）团队成员能否为项目执行提供所需的时间？
3）整体进度是否满足 DMAIC 某特定阶段的需求？
4）在预算和资源方面是否有问题？

精益六西格玛专家的评审大多是基于精益六西格玛方法论。适当的方法、足够的数据、适当的分析和解释是评审的主要关注点。这些评审必须在 DMAIC 每一个阶段完成后进行。此外，当团队需要项目的任何指导时，可以被手把手地指导。以下是精益六西格玛专家评审的重要检查点：

1）项目是否实施了 DMAIC 方法不同阶段中所有重要的步骤（DMAIC 的细节请参见第 6 章）？

2）在每个阶段的数据收集计划是否恰当？
3）数据收集的方法是否正确？
4）如何正确地进行分析？是否使用了合适的分析工具？
5）从每次分析中得出的结论和所产生的行动是否适当？
6）是否根据组织现有的程序预估了项目的收益？

高层管理者与精益六西格玛专家一起评审能够确保精益六西格玛项目按时完成。因此，这些评审对于任何精益六西格玛项目的实施都非常重要。如果在进行这些评审之后，项目没有任何进展，那么倡导者和精益六西格玛专家就需要坐下来一起讨论项目中到底哪里出了问题。他们可以尝试了解项目团队的困难和障碍，并提出对策，以确保项目顺利实施。

8.4 使精益六西格玛项目成功实施的一些提示

第一批精益六西格玛项目取得成功是非常关键的，因为它可能预示了未来在组织中实施精益六西格玛的命运。因此，高层管理者应注意确保成功和准时完成项目（Gijo et al., 2005）。需要注意的是，同任何其他项目一样，精益六西格玛项目也可能因为很多原因而失败（Gijo, 2011），非常重要的是保持精益六西格玛团队的兴趣和激情。为确保精益六西格玛项目的成功，我们要考虑以下几点：

1）从解决关键业务、客户问题中选择项目，使组织中的每个人都了解这个项目的重要性，并完全支持项目的成功。

2）从项目的选择一直到项目的完成，高层管理者要参与所有阶段。这样可以对整个组织发出强烈的信号：优先实施精益六西格玛。

3）适当地定义项目的范围，使团队能够在规定的时间内完成。如果项目的范围非常大，则在预定的时间内成功完成的可能性很小。选择适当的团队成员在精益六西格玛项目的成功中也起着至关重要的作用。团队成员必须是能够在组织内管理变革、渴望学习和实施新想法的人。

4）导入适当的奖励和表彰机制可以激发人们完成更多的精益六西格玛项目。这种奖励和认可方案可以包括与团队共享取得收益的一部分（例如15%），并增加在公司的年度绩效评估中升职的比重等。建议优秀的绿带人员可以继续参加黑带课程并培训公司内的其他绿带人员和黄带人员。

5）因为精益六西格玛强调基于数据的决策，我们要选择那些可以有效收集数据的项目。如果收集数据的周期长，那么在规定的时间内完成项目就是一个很大的挑战。

8.5 总结

本章提供了精益六西格玛项目的概述和选择精益六西格玛项目的细节，讨论了采用不同的方法选择精益六西格玛项目，以及项目评审在完成精益六西格玛项目中的作用。本章为评审不同类型的精益六西格玛项目提供了详细的评审清单，并为精益六西格玛项目取得成功总结了一些提示。

参考文献

Breyfogle, F. W. (2003). *Implementing Six Sigma: Smarter Solutions Using Statistical Methods*. New York: John Wiley.

Gijo, E. V. (2011). Eleven ways to sink your Six Sigma project. *Six Sigma Forum Magazine* 11(1): 27–29.

Gijo, E. V. and Rao, T. S. (2005). Six Sigma implementation: Hurdles and more hurdles. *Total Quality Management and Business Excellence* 16(6): 721–725.

Kumar, M., Antony, J. and Cho, B. R. (2009). Project selection and its impact on the successful deployment of Six Sigma. *Business Process Management Journal* 15(5): 669–686.

第 9 章

精益六西格玛工业案例研究①

9.1 案例 1：在小规模铸造企业应用六西格玛方法

9.1.1 公司背景

公司 15 年前就开始营运，但规模较小。公司主要生产汽车弹簧片，年生产量为 2000t/年。后来生产量稳步提升，至 2016 年，年生产量为 7000t/年，并且拥有 100 名员工，年销售额由第一年的 10 万美元快速增长为 150 万美元。组织内并没有开展任何正式的质量改进活动。在过去，某些流程执行过几次孤岛式的优化和精益改善，但通过这些活动所取得的改进成果微乎其微。

9.1.2 问题背景

弹簧片在轮式车辆中普遍使用，被用于承受车辆在行进过程中因不同路况而产生的不同等级的压力和振动（Gijo et al., 2014）。硬度对于弹簧片来讲是最关键的特性：高硬度的弹簧片因材料过脆而容易断裂，然而硬度过低又不能承受特定的负载和振动。因此，制造的弹簧片硬度在要求范围内是非常重要的。案例中的这家公司依照淬火硬化过程的标准来处理弹簧片，但在硬化过程中出现了越来越多的问题，因而导致产品返工以及拒收。有一段时间，该公司因为生产的弹簧片超出了所规定的硬度要求，拒收率高达约 48.33%。

9.1.3 六西格玛方法论（DMAIC）

由于质量问题，这家公司很难准时交货，不仅人力成本、材料以及管理费用都水涨船高，而且造成了由于无法满足产品交期而丢失业务的风险。利用技术以及持续改善仍然无法找出问题的根本原因。由于问题极为复杂，并且解决方法毫无头绪，因此公司决定采用六西格玛 DMAIC 的方法来处理。

---

① 作者得到了 Emerald 和 Interscience 出版商的许可在本章分享其三个案例。

在本章节的以下部分,我们给大家展示了在六西格玛 DMAIC 方法论中不同阶段所开展的各项活动。

9.1.3.1 定义阶段

经过与不同层级管理人员的深入讨论,项目组完成了项目具体信息的项目章程的拟定(见表 9-1)。这个项目章程构成了项目内所有未来活动和决策的基础。接着,他们完成了 SIPOC 分析(见表 9-2)。

表 9-1 项目章程

项目名称	降低汽车弹簧片硬化过程中的不合格率
选择该项目的背景和理由	弹簧片中所使用原材料的硬度超出了所要求的 245~265BHN 的要求,导致在过去一段时间,出现了大约 48.33% 的不合格率。这么高的不合格率增加了人工支出和原材料成本,从而影响了公司利润率和准时交货率
项目目标	将硬化过程中所产生的不合格率由目前的 48.33% 降低至 5%
项目倡导者	总经理
项目负责人	黑带
项目成员	生产工程师、质量控制工程师、生产部经理、生产部主管,以及一班操作员工和二班操作员工
产品过程的输出的特性及其测量	
硬度	硬度为 245~265BHN
预期收益	减少硬度的偏差,降低拒收率和返工成本。帮助组织提高准时交货率
日程	定义阶段:1 周 测量阶段:1 周 分析阶段:2 周 改进阶段:2 周 控制阶段:4 周

表 9-2 SIPOC

供应商	输入	过程	输出	客户
剪切车间	材料	硬化过程	硬化的弹簧片	硬度检验
热处理车间	熔炉		产品报告	总经理
淬火车间	油池			
	淬火油			

硬化流程

热处理 → 弧形化处理 → 淬火 → 检验

项目需求是降低交付过程中的拒收率。在过去的6个月，拒收率为48.33%。因硬度测试的结果超出245~265BHN的要求，产品被拒收。因此，如果硬度的波动减小，将降低拒收率以及返工率。为此，团队决定关注硬度的改进，这一点也被定义为该项目的CTQ。硬度的合理规范为245~265BHN。

9.1.3.2 测量阶段

测量阶段的第一步是评估用于收集数据的测量系统的好坏。因此，团队决定为收集硬度数据的测量系统执行MSA。使用测量硬度的仪器为布氏硬度计，最小刻度为0.001mm。总的Gage R&R为7.59%，小于10%，是可以接受的。

下一步，准备一个数据收集的计划，确定样本量以及基于操作员或班次的抽样类型。根据计划，项目组收集硬度数据。用Anderson-Darling正态检验法对数据进行检验，正态检验p值小于0.05，从而得出结论数据不符合正态分布。由于采集的数据没有合适的分布函数可以进行分析，采用Box-Cox或Johnson转换法也不能将数据转化为正态分布，因此图9-1所示的"观察到的性能"总PPM为270000，只能被认为是对过程基线能力的估计。

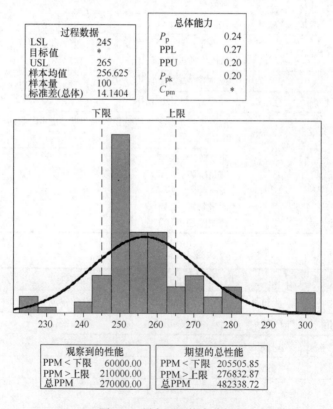

图9-1 硬度过程能力分析

9.1.3.3 分析阶段

项目组按计划举办了头脑风暴会议。流程中的所有相关人员都参加了会议。与会者列出了会对 CTQ 造成偏差的所有潜在原因。基于这些原因，项目组绘制了因果图，如图 9-2 所示。

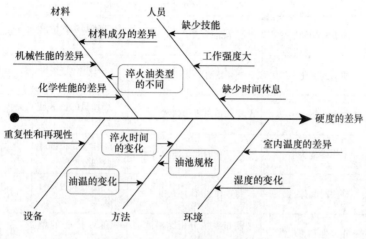

图 9-2 因果图

项目组基于数据对列在图 9-2 中的所有原因都给予确认，以识别根本原因。因此，有必要对这些数据进行分类，并制订适当的分析计划，从而找出准确的原因。根据每一个原因和验证需求准备详细的计划。在表 9-3 中展示出对这些详细信息的总结。根据表 9-3，基于流程观察或者现场观察验证了其中一部分原因，剩下的原因通过各种统计分析而得以验证。有些案例只通过现场观察分析即可识别根本原因。我们将在下面的章节中给予解释。表 9-3 也呈现了所有这些验证结果的汇总。在基于试错法建立的过程中纠正过程参数，如油池规格、淬火时间、油温、油的种类等。因此，在改进阶段决定对各项参数执行 DoE 以能够辨识最优参数设置。

在本研究过程中的一些现场观察如下。通过对操作员的概况和操作员为期一周的活动规律的研究，发现操作员有足够的技能和经验开展流程所要求的工作，也观察到操作员严格遵守了管理要求的工作量和休息时间。在测量阶段开展 MSA 研究时，项目组确认了测量系统的重复性和再现性。在这周内，项目组每个小时都会监测房间的温度和湿度，并且确认符合要求。从过去几个月的原材料采购记录中可以确认每一批原材料都经过采购主管的成分检验后才被接收入库。在一周内每天都会抽取 2 个部件，用金相分析的方法来确认材料的机械和化学性能。这些分析的结果同样包含在表 9-3 中。

表 9-3 原因确认细节

序列号	原因	规格/期待的状态	观察结果	备注
1	油池规格	小：1.5m×2m×1m 中：1.75m×2.25m×1m 大：2m×2.5m×1m	在空间不足的地方使用中等规格的油池	通过 DoE 改进
2	淬火时间的变化	4~6min	变化超出规格范围	通过 DoE 改进
3	油温的变化	35~45℃	变化超出规格范围	通过 DoE 改进
4	缺少技能	操作员至少半熟练	操作员的技术是合格的	并非根本原因
5	工作强度大	周工作时间不能超过 48h	工作量是根据计划时间分配的	并非根本原因
6	缺少时间休息	每工作 5h 休息 0.5h	休息时间遵守行业规范	并非根本原因
7	重复性和再现性	测量系统分析结果波动<30%	在可接受的范围内	并非根本原因
8	室内温度的差异	应当低于 35℃	除了早上的时间，温度保持不变	并非根本原因
9	湿度的变化	40%~60%（相对湿度）	没有严重的差异	并非根本原因
10	材料成分的差异	应当使用一样的成分	经过采购前的检验，成分一致	并非根本原因
11	淬火油类型的不同	没有可使用的规范	低冷却速度	通过 DoE 改进
12	机械性能的差异	马氏体结构	没有发现差异	并非根本原因
13	化学性能的差异	马氏体结构相关的属性	没有发现差异	并非根本原因

9.1.3.4 改进阶段

根据在分析阶段中团队所做的决定，需要在这个阶段计划并开展 DoE 以识别过程参数的最优设置。经过详细的讨论，所选择的试验参数为淬火时间、油温、淬火油的类型和油池规格。在头脑风暴会议中，团队人员认为淬火时间与油池规格、油温、淬火油的类型的交互作用对硬度会有重大影响。因此，需要考虑进一步研究这些交互作用。实验的响应是硬度计对部件测量的结果。表 9-4 中展示了所选择的因素及其试验等级。试验的设计方案是根据所选取的因素和等级进行正交分配。设计方案中的试验次序是随机的。试验结束后把硬度值记录在案。试验计划以及收集的数据见表 9-5。

表 9-4　因素及其试验等级

编号	因素	等级 1	等级 2	等级 3
1	淬火时间 /min	4	5	*6
2	油温 /℃	35	40	*45
3	淬火油	*快速（9s）	中速（13s）	慢速（17s）
4	油池规格	小 1.5m × 2m × 1m	中 1.75m × 2.25m × 1m	大 2m × 2.5m × 1m

注：* 表示现有水平。

表 9-5　试验计划以及收集的数据

试验编号	淬火时间 /min	油温 /℃	淬火油	油池规格	硬度（BHN） 1	硬度（BHN） 2	硬度（BHN） 3
1	4	35	快速	小	290	294	300
2	4	35	中速	中	270	272	270
3	4	35	慢速	大	277	277	276
4	4	40	快速	中	275	270	275
5	4	40	中速	大	270	270	271
6	4	40	慢速	小	270	270	268
7	4	45	快速	大	263	265	262
8	4	45	中速	小	258	258	257
9	4	45	慢速	中	262	260	262
10	5	35	快速	小	260	259	261
11	5	35	中速	中	255	256	255
12	5	35	慢速	大	257	256	257
13	5	40	快速	中	255	255	256
14	5	40	中速	大	248	249	248
15	5	40	慢速	小	250	251	252
16	5	45	快速	大	243	244	245
17	5	45	中速	小	238	230	239
18	5	45	慢速	中	242	243	240
19	6	35	快速	小	242	230	239
20	6	35	中速	中	239	230	237

(续)

试验编号	淬火时间 / min	油温 /℃	淬火油	油池规格	硬度（BHN）		
					1	2	3
21	6	35	慢速	大	238	220	237
22	6	40	快速	中	237	240	236
23	6	40	中速	大	230	231	232
24	6	40	慢速	小	232	220	230
25	6	45	快速	大	225	226	227
26	6	45	中速	小	220	230	220
27	6	45	慢速	中	220	224	220

由于对这个过程输出特性（硬度）的变异进行了研究，并使其降低了，我们可以应用田口的信噪比（S/N）概念来分析数据。由于硬度具有典型的正态分布特性，用 S/N 分析结果。用于分析的信噪比公式是 $10\lg(\bar{Y}^2/s^2)$。其中的 $\bar{Y}$ 是平均值，s 是每次试验的标准差。项目组计算出所有 27 项试验的信噪比。而且通过对信噪比进行方差分析（ANOVA）来辨识重要的因素和交互作用。表 9-6 为方差分析表，从表中我们发现，淬火时间、油池规格以及淬火时间与淬火油以及油温的交互作用的 p 值小于 0.05。我们由此得出结论：这些因素及其交互作用显著地影响了硬度。我们从主要影响和交互作用中辨识出最优条件，并在表 9-7 中列出。

表 9-6 方差分析表

来源	DF	SS	MS	F	p 值
淬火时间	2	699.91	349.96	23.24	0.001*
油温	2	56.94	28.47	1.89	0.231
淬火油	2	20.12	10.06	0.67	0.547
油池规格	2	249.96	124.98	8.3	0.019*
淬火时间 × 油温	4	289.03	72.26	4.8	0.044*
淬火时间 × 淬火油	4	304.23	76.06	5.05	0.040*
淬火时间 × 油池规格	4	54.84	13.71	0.91	0.514
错误	6	90.37			
总计	26	1765.4			

注：* 表示显著性水平为 0.05。

表 9-7 从试验中获得的最优参数组合

因素	参数	试验设计后的最优参数
1	油池规格	大（2m×2.5m×1m）
2	淬火时间	5min
3	油温	40℃
4	淬火油	中速（13s）

最终，项目组编制了包含责任和目标日期的实施计划。计划实施后项目组观察了整整一周时间，结果是成功的。执行期间记录了硬度的数据。项目组分析了这些数据以决定过程特性的改进等级。硬度等级为 7924PPM，总体的不合格率由 48.33% 降至 0.79%，改进是非常明显的。在改进之前和之后的控制图如图 9-3 所示，说明在实施项目后硬度的变异有显著降低。

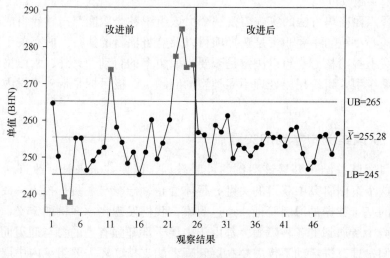

图 9-3 硬度的单值图

9.1.3.5 控制阶段

为了保证建议的改进方法是持续有效的，团队实施了一套控制机制。他们把过程标准化并且编入质量控制文件。在生产现场展示着一个记录了详细过程规范的工艺流程图。工艺流程图能够帮助每一名员工了解详细的过程。编制了数据检查表和控制图用于监控过程。这样，操作员就能够在关键过程参数和性能特征超出规定的范围之前及时采取措施。

计划定期审核这些结果以维持改进成果。引入硬度的单值控制图和失控行动计划用来监控硬度。失控行动计划能够帮助操作员在过程中遇到失控情况后执行相应措施。因为有必要确认所有的员工意识到在流程中的改善措施,所以项目组为全体员工安排了为期一天的六西格玛启蒙培训课程。

9.1.4 管理启示

这个案例让管理层大开眼界,案例中的流程得到了显著的改善。数据及其分析使员工以及最高管理层坚定了进行流程改进的决心。这个案例使管理层不再认为"它不是在这里发明的,因此不适用于我们的流程。"该项目的成功使他们在组织文化转型的过程中成为变革推动者。过去,公司内员工只是孤立地执行诸如统计过程控制、质量圈、小组活动、改善等。实施过程中,没有根据业务的优先程度以及客户满意度采取系统方式识别过程改进机会。结果,这些活动在组织内的影响并不明显。然而,六西格玛项目是由业务以及客户之声所确认的,要解决的问题与组织发展休戚相关。因此,管理层决定使用六西格玛的方法来实施改进。

监督六西格玛方法的实施需要一个由该组织各个职能部门领导组成的核心小组。核心小组的主要职责是选择项目以及监督项目的执行。所有关于执行的问题将会汇报给核心小组以决定是否要采取更多的行动。另外,六西格玛被作为一个系统引入组织用以处理不同类型的问题。终极目标是带来组织内文化的改变和全员参与。

9.1.5 从该案例中学到的关键点

项目团队总结了开展该案例的经验教训,以便在未来开展改进活动时参考。从这个案例研究中获得的关键心得体会是领导参与、员工投入、数据收集和随后的基于数据的原因验证。通过观察,我们发现在本案例的定义、分析和改进阶段中所遇到的各种障碍,都由于中层干部坚强有力的参与迎刃而解。因此,我们发现改进活动不仅需要高层管理者的支持,还需要组织内中层干部的参与。

促成这个案例成功的一个原因是项目倡导者的支持。项目倡导者极力推进采纳六西格玛方法来解决组织内的问题。在测量阶段的培训传授关于过程技术的详细信息,包括如何使用一些六西格玛的关键工具,是项目能够达成目标的关键。组织内各级干部和员工参与数据收集,分享数据分析的推论,这极大地支持了数据的收集工作。通常,一线员工不了解与他们工作相关的详细技术信息。适当的技术培训能够帮助他们思考过程,认识关键特性的变量以及关注与性能突破相关的改进。在改进阶段,需要得到组织内各层级干部和员工的支持以获取成功。

9.1.6 回顾所使用的工具

本案例所使用的工具如下：
1）方差分析。
2）Anderson-Darling（A-D）正态检验。
3）因果图。
4）控制图。
5）DoE。
6）Gage R&R 研究。
7）现场观察。
8）主效应分析。
9）正交阵列。
10）过程能力评估。
11）信噪比。
12）SIPOC 图。
13）田口设计。

9.1.7 总结

本节介绍了关于使用六西格玛 DMAIC 方法改进弹簧片的生产流程的案例。对不同阶段所收集的数据进行分析，找出导致拒收以及返工的根本原因。优化了工艺参数，并在工艺中采取了结果可持续的措施。改进的结果是总体的不合格率从 48.33% 降至 0.79%，这对于这个行业内的小企业来说是非常显著的成就。公司对项目的投资金额约 1100 美元，包括培训以及其他活动。而在降低拒收率后每年所节省的金额为 8000 美元。良好的收益体现在降低材料报废率和缩短交付时间上。这个案例展示了如何在小型企业中以一步一步地执行六西格玛方法来解决一个困扰组织已久的问题。

9.2 案例 2：六西格玛方法在风力发电机组专用运输道路建设中的应用

9.2.1 公司背景

在今日的全球经济中，可再生能源扮演着非常重要的角色。在可再生能源中风电成为发展最为快速的资源。21世纪，风能利用被期待在全球各地获得极大发展。过去的十几年，印度在这方面也取得了长足进步。实例中的这家公司是印度的一家风力发电机组制造公司。这家公司有12年的历史，目前拥有275名员工。该公司为客户制造风力发电机组，并提供安装、调试以及维护服务。在工厂内制造完毕的风力发电机组被运往不同地区进行安装（Gijo et al., 2013）。

9.2.2 问题背景

即使风能利用是新兴的行业，其所面临的挑战也远比其他行业想象中的大。在印度，过去十几年中，这个行业呈现出持续稳定的增长趋势并吸引着越来越多的投资进入这个市场。因为地价的抬升和原材料成本的增加，这个行业的成本也在逐步增加。大多数风力发电厂建于比较偏远的位置，这为设备安装增加了难度。由于各项活动与传统制造业的设置完全不同，企业面临很多挑战，具体描述如下：

1) 确定位置。
2) 评估风能的可用性。
3) 采购土地。
4) 开发土地。
5) 安装风力发电机组。
6) 风力发电机组服务约定的期限，一般为20年。

客户期待及时完成设备调试，以及提供一定期限的服务。这样能够帮助他们得到投资回报。公司必须承诺发电量（基于风力的可获得性）。任何现场开发、调试或服务的延误都会影响到发电量和投资回报，从而导致客户满意度下降。其中一项会导致延误的主要活动是道路建设和维护。在路上，他们需要运输叶片长度超过26m的风力发电机。对公司而言，道路建设和维护是一种挑战，安装现场通常是在山顶、沿海地区、沙漠，在这些地区修路更是困难重重。

传统制造企业执行改进活动相对容易，只要在日常的操作过程中计划、执行即可。然而，在风能行业，公司必须在销售风力发电机组给客户之前几年就开始行动。组织也需要在此后的20年内负责设备的维护。只有在及时完成所有工作，并按照约定顺利发电时，客户才会满意。

9.2.3 六西格玛方法论（DMAIC）

为了改进总体的效率和客户满意度，该企业把六西格玛方法论运用在风力发电机组售后部门。开展这方面的研究极具挑战性，因为这个新的方法更需要依赖人与人以及不同部门之间的合作。为了安装风力发电机组，公司需要每年在全国不同的风力发电项目现场建设大约500km的道路。在不同土壤特性的现场铺造一条高质量的道路困难重重。由于道路经常损坏，无法进入，结果会影响安装和维护活动。由于高破损率，每年道路的维护成本大约为200万美元。因为面临这些挑战，管理层决定使用六西格玛方法来解决可持续的风电道路建设问题。管理团队挑选DMAIC的改善方法运用在这个研究上，以改善现有的道路建设过程。以下的部分将会解释如何使用DMAIC的方法论一步一步地来完成这个研究。

9.2.3.1 定义阶段

团队由黑带项目经理、项目工程师、两位主管以及维护工程师组成。负责项目执行工作的总经理作为项目的倡导者。在项目的定义阶段，团队创建了一个项目章程（表9-8），列出了所有关于项目的详细信息，包括项目名称、问题定义、项目范围、目标利润以及日程安排。在项目章程中定义了项目之后，团队成员准备了一张SIPOC图来更好地明确过程（表9-9）。这张SIPOC图通过总体审视，界定了六西格玛的项目范围。项目的目标是创建一个体系，产生的结果是风电场道路建设的可持续性。团队进一步阐述了项目目标为6个月内道路无故障，最终产生的效益是"降低道路的维护成本"。选择6个月的目标是因为在风力发电机组安装的最初6个月中，需要使用许多重型设备，如起重车、拖车等。而后，就只需轻型运输工具了。道路的可能失效包括开裂、塌方、脱落、基底层失效、表面滑移及下沉（图9-4）。团队决定将6个月内无故障作为项目CTQ。并且测量单位定义为"50m道路"。项目计划降低10%的维修成本。

表9-8 项目章程

项目名称	延长风电场道路的使用寿命
选择项目的背景和理由	风电场道路将在3~6个月出现磨损，而且在道路建成过程中也出现了很多变化
项目目标	找到使风电场道路可持续的最优方法，从而使道路的寿命达到至少6个月
项目倡导者	总经理——项目高层领导者
项目负责人	经理——项目层
项目成员	工程师——项目
	工程师——维护
	主管——现场开发
	主管——安装

(续)

产品/过程输出的特性及其测量		
CTQ	测量&要求	缺陷定义
道路的失效率	测量指标为每50m道路的寿命，要求寿命要满6个月	道路寿命小于6个月
期望收益	服务可靠，降低维护成本	
期望客户利益	提高客户满意度	
日程安排	定义阶段：4周	
	测量阶段：6周	
	分析阶段：16周	
	改进阶段：8周	
	控制阶段：8周	

表9-9 SIPOC

供应商	输入	过程	输出	客户
WRD	风电场图样	风场路结构	标准以及可持续的风场路	安装团队
顾问	调查图样			服务团队
土地团队	土地			
气象部门	风电场数据			
顾问	土地调查			
设计团队	结构图样/规范			
道路合约人	设备			
道路合约人	原材料			

道路调查 → 土地调查 → 气象选择 → 道路结构 → 测试以及运行

a) 开裂

b) 塌方

图9-4 不同种类的失效

图 9-4 不同种类的失效（续）

9.2.3.2 测量阶段

六西格玛项目测量阶段的目标是基于流程中所收集的数据了解流程 CTQ 的基准水平。在从流程中收集数据之前，运用 FMEA（表 9-10）了解流程的复杂性，并且决定继续收集的流程中的数据。基于 FMEA 分析的结果，项目组准备了一个详细的数据收集计划，包括数据的收集需要考虑的因素以及抽样方法。影响因素被确认为失效模式以及所在区域（印度不同的邦）。帕累托图用于图示收集的数据（图 9-5）。作为计算基准性能的单位数量（50m 道路为一个单位）为 4455 个。由于有 6 个不同类型的失效模式（图 9-4），因此考虑到每个单元有 6 种失效机会。对于这 4455 个单位道路来说，缺陷数量为 228 个，所算出的 DPMO 为 8530，相应的六西格玛水平为 3.9。这就是过程的基准性能。

表 9-10 FMEA

过程功能/要求	潜在失效模式	失效后果	SEV	潜在原因/失效原理	OCC	目前的过程控制	DET	RPN
可持续的道路结构/6 个月内无故障	出现各种类型的缺陷	塌方	9	压实不适当	5	实验室测试	5	225
		积水	9	未设挡土墙	9	检查	5	405

(续)

过程功能/要求	潜在失效模式	失效后果	SEV	潜在原因/失效原理	OCC	目前的过程控制	DET	RPN
可持续的道路结构/6个月内无故障	出现各种类型的缺陷	车辆运行成本提高	9	道路不平整	1	培训指导	5	45
				形状不规范	1	检查	5	45
				排水不当	5	排水计划	1	45
		交通事故	9	土地疏松	1	无	10	90
				维护不当	1	维护程序	1	9
				过高的应用集中	9	无	10	810

9.2.3.3 分析阶段

任何六西格玛项目在分析阶段的目标都是识别正在考虑问题的根本原因，从而可以启动纠正措施并执行改善。由于为本研究案例服务的是跨职能团队，需要准备的第一件事情是编制整个流程的流程图，帮助全体成员对全过程有更清晰的认识。这个活动流程图能够帮助界定流程中所有的低效率和瓶颈工序。通过对流程图的详细研究，团队举行了头脑风暴会议以找出造成道路不良的潜在原因。

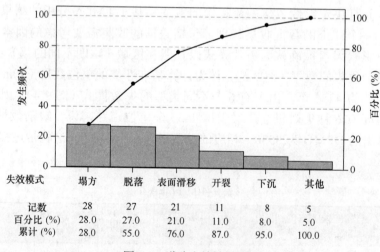

图 9-5 道路失效帕累托图

头脑风暴会议中发现的潜在原因体现在图 9-6 中。通过数据的分析以及工作现场调查，项目组证实了这些原因的存在。根据因果关系来选择确认原因的方法。假设已经明确建立了原因与结果之间的关系，我们就需要通过工作现场观察来了解发生的频次。如果并没有建立因果关系或者关系仍是未知的，我们就需要通过数据收集以及假设检验来验证原因。

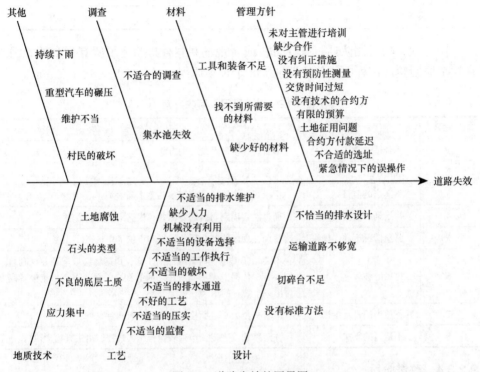

图 9-6　道路失效的因果图

本研究中的原因验证分为两个阶段。在第一个阶段，原因和影响质量的关系未知，使用假设检验验证原因；在第二阶段，对剩下的原因执行现场分析。在随后的分析阶段，我们将展示其中的一些实例。我们也将详细解释用于分析的数据类型以及获得的结果。

举例来说，一个需要验证的原因是失效类型与地形类型的关系，采用卡方检验。p 值为 0.002，表明失效类型与地形类型是不相关的。

在用现场观察方法来验证原因时，你需要访问工作现场，观察实际运行，对比规范以及理想的方法。通过这个方法确认了其中一个原因是"不适当的压实"。压实的要求是最大干密度（MDD）应该大于 95%。但是，通过现场过程观察，发现 50% 的实例（32 个中有 16 个）实际的最大干密度低于 95%。为了验证 MDD 对道路缺陷的影响，也观察了 32 个实例中的缺陷数量。表 9-11 是双样本泊松率分析执行结果。$Z=3.5$，p 值 $=0.000$。因此，不适合的压实被考虑为根本原因。

表 9-11 双样本泊松率信息

样　品	总计发生	缺陷数量	发　生　率
MDD　低于 95%	15	16	0.9375
MDD　高于 95%	1	16	0.0625

同样地，项目团队通过统计分析或者现场观察分析验证了所有剩余的原因。在这个原因验证过程中，总计识别了 8 个根本原因（表 9-12）。

表 9-12 根本原因及解决方案

编　号	根　本　原　因	解　决　方　案
1	不合适的方法	准备好标准以及统一的方法
2	规格不当	质量检查表
3	不适当的监督	记录每一个阶段的观察项并签字确认
4	找不到所需要的材料	通过勘察识别材料的资源并且根据结果建议方法
5	紧急情况下的误操作	每周在现场执行合适的计划和审核工作状态
6	村民的破坏	不要给予土地拥有者虚假的承诺，承诺将会被记录并在利益相关者中传播。发展与村民之间的社交关系。需要与竞争者商讨出一个统一的承诺
7	不适当的排水维护	准备一个关于定期检查的维护手册和草案
8	不适当的压实	在道路建设中根据检查表检查压实过程，由主管负责执行

9.2.3.4 改进阶段

团队成员举办了一场头脑风暴会议。过程的所有利益相关方受邀参与识别所选原因的解决方案。

讨论过程中，项目团队确定了在分析阶段选出的所有 8 个根本原因的解决方案。表 9-12 中列出了选择的解决方案及其相对应的根本原因。为了优先安排改进活动的顺序，项目团队使用了收益 - 投入矩阵图，如图 9-7 所示。请注意，基于团队对项目的认知，可以根据重要程度有多种方法帮助优先安排改进活动。在这个项目中，团队接受使用收益 - 投入矩阵图来选择项目。这个收益 - 投入矩阵图把各项目分为四类：特别值得开展的项目、潜在值得开展的项目、潜在快速见效的项目，以及最不值得开展的项目。根据团队的评估，值得开展的是那些只需要付出少许努力便可以得到高回报的项目。基于这个分析，优先安排执行值得开展的项目。通过危险分析识别值得开展的项目（针对根本原因的解决方案）的潜在风险，而结果显示执行这些解决方案并没有风险。执行计划包括责任人以及完成日期等信息。

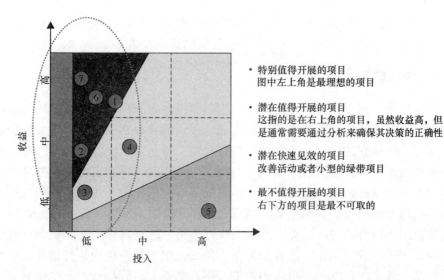

图 9-7　收益 - 投入矩阵图

在印度某客户的一个项目中，团队试运行了解决方案。图 9-8 显示了解决方案执行后所观察到的结果。在实施期间，记录所观察到的缺陷数。改善后过程的 DPMO 为 1852，相当于六西格玛等级 4.40。这个结果表明流程有明显的改善。

图 9-8　改善后的道路

9.2.3.5　控制阶段

六西格玛项目控制阶段的目标为确保改进结果的可持续性。改进结果的可持续性可以通过标准化作业以及长期监控业绩性能来达成。控制阶段的第一步是，修改流程图并使其与改善措施相符。把修改过的流程图发送至所有项目现场以及地区办公室，并且严格执行修改后的流程。把质量检查表运用在道路建设中，在项目的不同阶段执行清单上的要求。工程师能够保证执行所有必需的步骤。公司团队定期审核并且保证所有的措施都能够被严格执行。在月度会议上，监控并且讨论各个项目现场中每个月发生的道路缺陷。

9.2.4 管理启示

在本研究案例中，有充分的证据证明六西格玛方法可以有效地运用在道路建设中。这是这家公司第一次使用检查表监控道路建设相关活动。过去，公司内开展过一些孤立的活动，比如统计过程控制、质量圈、小组活动等。在实施这些活动的过程中，并没有系统地努力识别改善机会，以制定符合业务优先级或客户需求的改进措施，其结果是在组织内部改善的效果并不明显。然而在采用六西格玛方法论以后，识别的项目都是遵循业务之声和客户之声的，针对的问题是组织亟待解决的。因此，管理层决定采纳六西格玛作为实施组织内所有未来的改善活动的方法论。这看似简单，但要在组织和业务内执行这种改变却并不容易。从文化角度讲，组织不习惯于实践创新。尽管如此，六西格玛方法是最有效的方法，而且能够在正确的组织架构下完成。

9.2.5 从该案例中学到的关键点

六西格玛方法帮助组织内的同事了解处理流程问题的系统方法。在这个项目中，大量的数据收集以及分析有助于针对流程中存在的问题得出有意义的结论。一旦开始收集数据，隐藏在流程中的问题就会显现出来。学习六西格玛以及统计软件（比如 Minitab 和 JMP）能够增强人们基于数据分析而做决策的能力。在这个过程中，所有的高层管理者和团队成员都体会到了用数据说话的力量。

六西格玛方法论帮助组织处理了在采购、土地开发、制造、安装和服务风电站客户过程中的关键问题。正如其他业务过程改进技术，在道路质量方面的改进也必须基于客观事实，这样才能发现根本原因。用于道路质量改善的六西格玛方法不仅能更有效地控制道路开发过程，同时对节约时间、提高效率和节省资金也大有裨益。

9.2.6 简述所使用到的工具

本案例中所使用的工具包括：
1) 因果图。
2) 卡方检验。
3) FMEA。
4) 现场观察分析。

5）帕累托分析。
6）SIPOC 图。
7）西格玛等级计算。
8）双样本泊松率分析。

9.2.7　总结

这个案例研究了如何在风能领域系统化、结构化地应用六西格玛方法论进行质量改进。这个研究针对的是在安装以及维护风力发电机组过程中一个非常关键的流程。道路质量是在印度风力发电机组制造商所遇到重要的问题。这是印度首批在这个工业领域成功应用精益六西格玛解决问题的典范。项目成功实施大幅度降低道路的失效概率。这个项目每年为公司直接节约 168000 美元，包括对损坏道路的维修成本以及在整个国家中不同现场由于设备等待而造成的成本增加。用于修路所需要设备的租赁成本是非常高的，除此之外，装满安装、维修风力发电机组所需部件、备用零件的挂车的等待时间也很长。这些改善还帮助公司及时完成安装活动从而提升了客户满意度。这个项目进一步帮助公司保证维护活动中有足够的备件。总之，这个项目在公司所有现场领域的活动中收到了明显的效果。改善的成果极大地提升了六西格玛方法在未来应用于公司其他领域的可能性。本案例也表明，六西格玛方法论可以成功地应用于全新的领域。

9.3　案例 3：六西格玛方法论在汽车零件供应商降低废品率和返工率中的应用

9.3.1　公司背景

本案例研究所涉及的公司是一家小规模的组织，是为一家大型汽车制造商供货的。这家公司拥有 150 名员工，主要制造汽车的零部件。作为对质量改进的要求非常严格的汽车零件供应商，这家公司曾经应用过一些质量改进技术，如统计过程控制、FMEA 等。但在过程中实施了这些的举措后，废品率和返工率仍居高不下。

9.3.2　问题背景

这个案例是要减少汽车零件制造公司在珩磨过程铰孔产生的废品和返工。

这一部件用于连接燃油喷射泵飞轮组件。飞轮组件是调速器的一部分，调速器通过控制注入发动机的燃料量，来调节发动机转速。如果铰孔尺寸过小，引起连接环节压力大，就可能会导致连接破裂并最终造成燃油喷射泵的故障。如果铰孔尺寸过大，可能会使飞轮卡滞，从而导致调速器故障。这个过程的直通率只有 87.8%。

9.3.3 六西格玛方法论（DMAIC）

由于直通率非常低，它影响到了该组件对客户的准时交付。此外，废品和返工的成本也是非常高的。对于公司的管理层来说，解决这个问题迫在眉睫。有效解决该问题的方案要能够显著减少返工和废品，从而提高客户满意度。因此，管理层决定应用六西格玛方法论来解决这个问题（Gijo et al., 2010）。在本案例中，由于现有的流程需要改进，因此应用 DMAIC 方法。

9.3.3.1 定义阶段

六西格玛方法论中定义阶段的目标是根据客户需求确定改进项目，识别需要改进的流程。第一步是制定项目章程，包括项目的所有必要细节：项目的团队组成和项目的日程安排。项目章程见表 9-13。项目章程有助于团队成员清楚地理解项目目标、项目周期、资源、团队成员的角色和职责、项目的范围和界限、项目的预期结果，等等。这将创建一个项目共同愿景和归属感，可以让整个团队专注于项目的目标。项目团队包括一位倡导者、一名黑带、三名绿带和三位该流程的操作工。在项目的定义阶段，团队与倡导者一起详细讨论问题。项目团队定义项目的目标为：把珩磨过程直通率从目前的 88% 提升至 98%，从而显著降低废品率和返工率。

表 9-13　项目章程

项目名称	减少珩磨过程中的废品和返工
选择该项目的背景和原因	这个问题极为复杂，有太多的影响因素。我们在以前多次的尝试中没有成功地找到解决方案。在过去 6 个月时间里，珩磨过程的直通率只有 87.8%。在 12.2% 有缺陷的零部件中，近 1.3% 的零部件报废，其余的需要返工。因此，维修和报废的成本居高不下，并导致该零部件的交货延迟
项目目标	改善直通率从 88% 到 98%
项目倡导者	负责人——生产部门
项目领导	经理——生产
团队成员	工程师——生产、质量控制检验员
	主管——维护
	第一班操作工、第二班操作工、第三班操作工

(续)

产品/过程输出的特性及其测量		
CTQ	测量和规格	缺陷的定义
直径	9.000~9.009mm	不在9.000~9.009mm范围内
期望结果	减少直径的误差从而减少返工和报废。这将有助于组织提高按时交货率	
工作计划	定义：2周　测量：2周　分析：4周　改进：4周　控制：4周	

团队准备了基本流程图，并应用SIPOC以便对该过程有一个清晰的认识。团队专注于珩磨过程的改善，这就是项目的范围。流程图和SIPOC（表9-14）展示了创建过程输出的步骤。

表9-14　SIPOC

供应商	输入	过程	输出	客户
热处理部门	组件	珩磨过程	加工组件	装配车间
测量部门	预加工测量		生产报告	生产部门
工程部门	指示图			

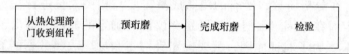

9.3.3.2　测量阶段

该阶段关注的是选择适当的产品特性，绘制相关的流程图，研究测量系统的准确性，进行必要的测量，记录数据，并建立过程能力或西格玛过程评级的基准。

在这个项目中，考虑CTQ需要进一步研究的是铰孔直径。直径的规格限制为从9.000mm至9.009mm。由于公差只有9μm，因此有必要通过Gage R&R分析来验证测量系统是否有效。为了这项研究，团队挑选了3名检验员和10个零件。收集数据后，进行分析，Gage R&R为14.83%，由于该值在30%以内，因此是可接受的。得出的结论是该测量系统可以用于继续数据收集。然后，准备数据收集计划，包括数据样本的大小和频率与分类因素等细节。根据数据收集计划，收集直径数据，用Minitab统计软件的"Anderson-Darling normality test"做正态检验。从Minitab输出p值小于0.05（图9-9）。得出的结论是，数据是非正态分布的。因此，由Minitab分析输出的过程能力（图9-10），知总PPM被确定为120310，对应的西格玛水平为2.67。

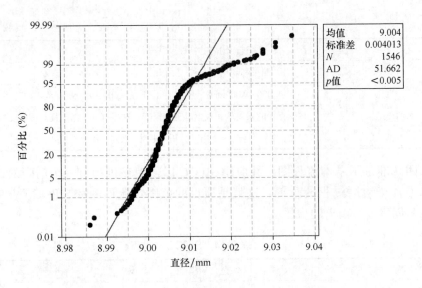

图 9-9 直径的正态概率图

9.3.3.3 分析阶段

在本案例中分析阶段的目标是找到造成在加工过程中直径误差的根本原因。因此,在分析阶段,所有的团队成员需要与相关人员进行一次头脑风暴会议以确定潜在原因。根据头脑风暴会议期间确定的原因,提出了一个因果图(图 9-11)。为了验证原因,就要确定针对每个原因收集数据的类型。基于每个原因的数据,项目团队要确定验证每个原因的分析类型。结果发现,有些

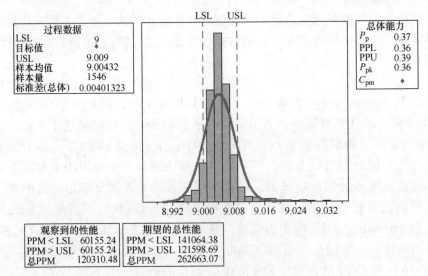

图 9-10 直径的过程能力

原因只能通过现场观察才能验证,其余原因可以对收集的数据使用不同类型的统计分析。基于这样的理解,准备了一个针对所有潜在原因的验证计划,并在表 9-15 中加以展示。这个原因验证计划给出了原因计划分析的细节。对于那些要通过现场观察来验证的原因,研究小组在一个月内随机观察该流程,做好观察记录并判断它是不是根本原因。下面给出原因分析和验证的细节。

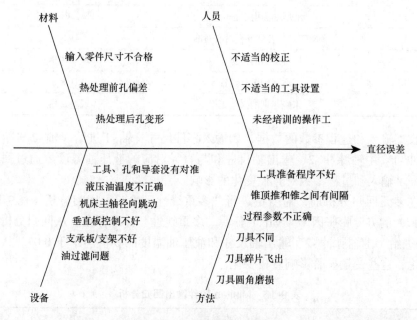

图 9-11　直径误差的因果图

表 9-15　原因验证计划

编　号	原　　因	验 证 方 法
1	输入零件尺寸不合格	回归分析 /DoE
2	热处理前孔偏差	现场观察
3	热处理后孔变形	现场观察
4	刀具圆角磨损	现场观察
5	刀具碎片飞出	现场观察
6	刀具不同	现场观察
7	过程参数不正确	回归分析 /DoE
8	锥顶推和锥之间有间隔	现场观察
9	工具准备程序不好	现场观察
10	油过滤问题	现场观察

(续)

编 号	原 因	验 证 方 法
11	支承板/支架不好	现场观察
12	垂直板控制不好	现场观察
13	机床主轴径向跳动	现场观察
14	液压油温度不正确	回归分析/DoE
15	调整工具、孔和导套没有对准	DoE
16	不适当的校正	现场观察
17	不适当的工具设置	DoE
18	未经培训的操作工	现场观察

收集输入和过程参数的数据，如输入零件尺寸、轴-1进给、轴-2进给、主轴脉冲-1、主轴脉冲-2、输出轴尺寸和与直径对应的液压油温度。通过回归分析验证了输入和过程参数对直径变化的影响。

在多元回归分析前，对变量进行"多重线性"检验。回归分析（表9-16和表9-17）的方差膨胀因子（VIF）证明"多重线性"并不存在。从回归分析得出轴-2进给、主轴脉冲-2、输出轴尺寸和液压油温度的 p 值均小于0.05。从而得出结论，这些变量显著影响直径变化。

表9-16 Minitab软件输出回归分析

自 变 量	系 数	系数的标准误差	t	p 值	VIF
常量	6.682	0.6297	10.61	0.000	—
输入零件尺寸	0.00429	0.01082	0.40	0.692	1.1
轴-1进给	0.0000728	0.000142	0.51	0.609	1.4
轴-2进给	0.0005951	0.0002792	2.13	0.035	1.6
主轴脉冲-1	0.00000038	0.0000525	0.01	0.994	1.4
主轴脉冲-2	0.00150339	0.00006605	22.76	0.000	1.7
输出轴尺寸	0.24731	0.06792	3.64	0.000	1.6
液压油温度	−0.00005682	0.00001826	−3.11	0.002	1.5

表9-17 ANOVA

变异来源	DF	SS	MS	F	p 值
回归	7	0.00152454	0.00021779	132.58	0.000
残差	131	0.00021520	0.00000164		
总共	138	0.00173974			

操作工根据经验确定进给量、脉冲、行程等过程参数,因此决定在改善阶段进行一个实验设计以确定这些参数的最佳设置。对其他列在因果图中的原因进行现场观察分析。对各种原因的详细验证以表格的形式总结在表 9-18 中。

表 9-18　验证原因

序 号	原 因	结 论
1	输入零件尺寸不合格	不是根本原因
2	热处理前孔偏差	不是根本原因
3	热处理后孔变形	不是根本原因
4	刀具圆角磨损	不是根本原因
5	刀具碎片飞出	不是根本原因
6	刀具不同	不是根本原因
7	过程参数不正确	根本原因,需要通过 DoE 进行优化
8	锥顶推和锥之间有间隔	不是根本原因
9	工具准备程序不好	不是根本原因
10	油过滤问题	不是根本原因
11	支承板/支架不好	不是根本原因
12	垂直板控制不好	不是根本原因
13	机床主轴径向跳动	不是根本原因
14	液压油温度不正确	根本原因,需要通过 DoE 进行优化
15	工具、孔和导套没有对准	根本原因,需要通过 DoE 进行优化
16	不适当的校正	不是根本原因
17	不适当的工具设置	根本原因,需要通过 DoE 进行优化
18	未经培训的操作工	不是根本原因

9.3.3.4　改进阶段

基于在分析阶段的团队决定,要在此阶段进行 DoE。选择的参数是"进给量""脉冲""余量""行程"和"油温"。团队也认为,在"进给量"与"脉冲"和"余量"之间可能存在交互作用。因此,团队也决定估计这两个交互作用的影响。由于这些变量和直径之间没有建立线性关系,因此会在三个水平对所有这些因素进行试验。参数的现有值被认为是作为一个水平的试验。在三个水平和两个交互作用的五个因素需要大量的组件进行全因子试验。因此,决定采用 $L_{27}(3^{13})$ 正交阵列进行试验。通过分配所有 $L_{27}(3^{13})$ 正交阵列的试验因子来准备该试验主计划(表 9-19)。在主计划中试验序列是随机的,并且试验已经完成。在每一个试验中，都测量直径。通过田口设计的信噪比对这些数据进行分析。由于直径是名义上的最佳特征类型，用于分析的信噪比公式是 $10 \log (\overline{Y}^2/s^2)$，$\overline{Y}$是均值，$s$是标准差。信噪比的交互作用图和主效应图如图 9-12 和图 9-13 所示。使信噪比最大的水平为因素的最佳水平。因此，因素的最佳水平是通过主效应图和交互作用图确定的。最佳因素水平组合的确定见表 9-20。

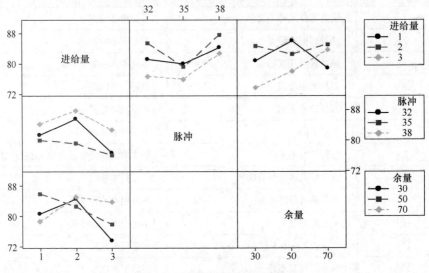

图 9-12　信噪比的交互作用图

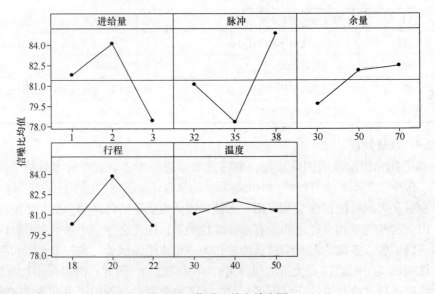

图 9-13　信噪比的主效应图

表 9-19 对收集数据开展试验的主计划

试验编号	进给量	脉冲	余量	行程	温度/℃	直径/mm		
						1	2	3
1	1	32	30	18	30	9.00500	9.00375	9.00300
2	1	32	50	20	40	9.00600	9.00525	9.00550
3	1	32	70	22	50	9.00300	9.00175	9.00425
4	1	35	30	20	40	9.00525	9.00325	9.00350
5	1	35	50	22	50	9.00425	9.00400	9.00350
6	1	35	70	18	30	9.01050	9.00700	9.00825
7	1	38	30	22	50	9.00650	9.00625	9.00550
8	1	38	50	18	30	9.00675	9.00550	9.00600
9	1	38	70	20	40	9.00300	9.00375	9.00400
10	2	32	30	18	40	9.00475	9.00425	9.00425
11	2	32	50	20	50	9.00425	9.00325	9.00250
12	2	32	70	22	30	9.00400	9.00400	9.00325
13	2	35	30	20	50	9.00350	9.00425	9.00300
14	2	35	50	22	30	9.00125	9.00400	9.00300
15	2	35	70	18	40	9.00400	9.00250	9.00175
16	2	38	30	22	30	9.00425	9.00400	9.00275
17	2	38	50	18	40	9.00475	9.00500	9.00450
18	2	38	70	20	50	9.00450	9.00500	9.00475
19	3	32	30	18	50	8.99625	8.99275	8.99675
20	3	32	50	20	30	9.00350	9.00525	9.00500
21	3	32	70	22	40	9.00325	9.00200	9.00100
22	3	35	30	20	30	9.00400	9.00250	9.00600
23	3	35	50	22	40	9.00525	9.00500	9.00275
24	3	35	70	18	50	9.00375	9.00500	9.00625
25	3	38	30	22	40	9.00150	9.00300	9.00500
26	3	38	50	18	50	9.00200	9.00400	9.00400
27	3	33	70	20	30	9.00300	9.00325	9.00300

表 9-20 最佳因素水平组合的确定

序号	因素	最佳水平
1	进给量/μm	2
2	脉冲/μm	38
3	余量/μm	70
4	行程/mm	20
5	液压油温度/℃	40

我们把识别出的这些最佳水平当作针对过程参数的解决方案。团队邀请所有利益相关者详细讨论了过程，确定了与其余根本原因对应的解决方案。确定的解决方案见表 9-21。团队进行风险分析以确定解决方案在实施过程中可能带来的负面影响。该团队从风险分析中得出结论：没有与所确定的解决方案相关的任何风险。风险分析后，团队为所有解决方案准备了一个实施计划，包括每个解决方案的责任人和目标的完成日期，根据计划实施解决方案并观察结果。从实施项目后的改进流程中收集直径的数据并进行过程能力评估，具体细节见图 9-14。这个过程的 PPM 水平为 0，而相应的西格玛等级为 6（表 9-22）。图 9-15 对项目之前和之后进行了比较，表明实施改进项目后的直径误差显著减小。

表 9-21 验证原因和解决方案

序号	验证原因	解决方案
1	过程参数不正确	通过 DoE 建立最佳参数
2	液压油温度不正确	通过 DoE 建立最佳参数
3	工具、孔和导套没有对准	①引入防呆系统来保证一致性 ②头架和尾座轴线校正一致，将该项内容加入设备预防性检查表中
4	不适当的工具设置	通过 DoE 优化设置参数

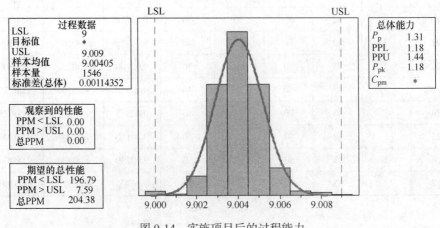

图 9-14 实施项目后的过程能力

表 9-22　之前之后的结果比较

	之　前	之　后
西格玛水平	2.67	6.0
DPMO	120310	0
直通率	88%	100%

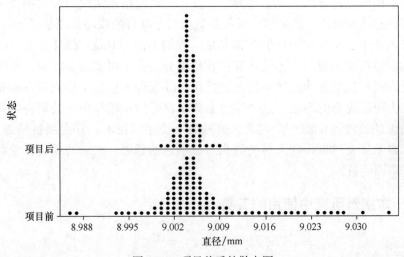

图 9-15　项目前后的散点图

9.3.3.5　控制阶段

实施六西格玛的真正挑战并不是过程中的改进，而是如何保持取得的成果。由于许多组织架构变动的原因，譬如工作变动，保持成果常常难于上青天。改进方法的标准化和对结果的持续监测可以确保结果的可持续性。一线操作工在方案的实施过程中有归属感也是非常重要的，因为这样可以在没有任何外部干预的情况下保持过程稳定。

由于该公司正在实施 ISO9001：2008 质量管理体系，因此团队在质量管理体系的程序文件中记录了流程变化，这有助于把项目中的改进方法标准化。可引入运行图用于监测过程，并制订一个反应计划，这个反应计划能够帮助操作工在发生意外时采取行动。对在该过程中工作的员工进行培训，培训内容包括改进操作方法等，以提升他们对新流程的信心。

9.3.4　对管理的影响

这个案例使管理层大开眼界，因为它显著地改善了生产过程。数据和对它们的分析给了员工和最高管理层足够的信心来对流程优化进行决策。该项目的成功使他们成为组织文化转型过程中的"变革推动者"。管理层引入了一个"领导团队",负责监督六西格玛项目的选择和执行。所有与执行相关的问题都被报告给了该领导团队,以采取进一步的行动。

9.3.5 本案例研究所获得的经验教训

该案例研究包含以下几个主要学习点：①六西格玛实践为公司提供了一个系统解决问题的典范。②虽然广泛收集数据对于项目的成功来说是必不可少的,但这必须集中在研究中识别的关键领域。③如不进行 Gage R&R 分析,则大量数据的收集将是无效的。④统计软件在数据分析中不可或缺。然而,这些工具包需要人们在接受正确的培训后才能使用。⑤管理人员和工作人员开始相信自己有能力应用先进的方法。这个项目起到了良好的示范作用,公司将六西格玛作为员工绩效考评中的一个因素,鼓励员工使用该技术。⑥在项目实施期间,困难来自于接受过培训的人员的流失造成项目的延迟。未来的项目将受益于额外接受培训的员工。

9.3.6 本案例研究中使用的工具

1）方差分析。
2）因果图。
3）DoE。
4）散点图。
5）现场观察分析。
6）主效应图。
7）正态检验。
8）正交阵列。
9）过程能力分析。
10）回归分析。
11）SIPOC。
12）西格玛水平计算。

9.3.7 总结

项目成功实施后,直通率从 88% 提高到 100%。改进之后,该过程的西格玛评级从2.67提高到6。在财务部门的帮助下，该团队评估了这个项目的实际收益。发现与报废、维修和工具相关的成本大幅下降。这些成果鼓励管理层把六西格玛方法论应用于组织中的所有改进项目中。为了鼓励组织中的人员使用六西格玛方法论，管理层决定适当奖励成功的团队。在看到这个项目的成功后，人们更有信心在组织中借助六西格玛来解决问题了。

9.4 案例4：价值流程图在一个凸轮轴制造企业中的应用

9.4.1 公司背景

20年前，本案例涉及的公司初创成为一家制造凸轮轴的小企业。刚创业时，该公司有20名员工，而目前拥有60名员工。本公司目前的营业额是4000000印度卢比（约63000美元）。该公司之前没有实施精益生产，但曾经实施过某些类似精益的生产活动。

9.4.2 问题背景

与其他产品相比，凸轮轴是该公司的主打产品。初步分析凸轮轴制造，发现生产中存在浪费，有提高生产线效率的可能性。因此，公司决定使用价值流程图以识别和分析凸轮轴制造线上存在的浪费并提升价值。

9.4.3 价值流程图方法论

价值流程图是一个强大的精益工具，用来识别浪费和发现增值的机会。它分析目前的状况和描绘出当前状态图，识别改进机会以及绘制未来理想状态图。本节下文将详细介绍如何开发价值流程图。

9.4.3.1 组建任务小组

成立由设计专家、制造和质量控制专家、研究人员组成的跨部门任务小组。任务小组用价值流程图的方法论分析制造流程，并确定改进行动。

9.4.3.2 过程图和数据收集

任务小组编制流程图（图9-16），展示凸轮轴的整个制造过程。使用检查表（图9-17）收集每个工序过程中的数据。流程图描述了生产流的全貌，提供了产品流、操作和生产制造人员的详细情况。

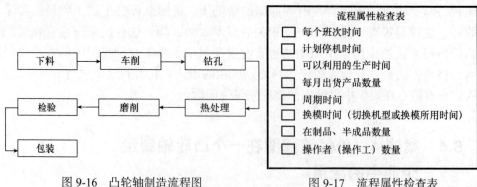

图 9-16　凸轮轴制造流程图

流程属性检查表

- □ 每个班次时间
- □ 计划停机时间
- □ 可以利用的生产时间
- □ 每月出货产品数量
- □ 周期时间
- □ 换模时间（切换机型或换模所用时间）
- □ 在制品、半成品数量
- □ 操作者（操作工）数量

图 9-17　流程属性检查表

专责小组开始通过在车间现场走动，收集必要的数据。收集到的数据收集如图 9-18 所示。

客户的要求:
• 平均需求＝100 单位（件）
供应商信息:
XYZ从其供应商接收1200 单位的装运
可利用的生产时间＝430min
下料:
周期时间＝15min
换模时间＝4min
正常运行时间＝99.06%
车削:
周期时间＝15min
换模时间＝5min
正常运行时间＝99.06%
钻孔:
周期时间＝20min
换模时间＝5min
正常运行时间＝99.06%
热处理:
周期时间＝4min
换模时间＝4min
正常运行时间＝99.06%
磨削:
周期时间＝5min
换模时间＝3min
正常运行时间＝99.1%
检验:
周期时间＝4min
换模时间＝2min
正常运行时间＝99.3%
包装:
周期时间＝3min
换模时间＝0
正常运行时间＝100%
材料和信息的流动
与客户和供应商之间的所有信息传递都是电子化的
生产计划处从客户处获取每个月的订单
生产计划处生成每日的生产指令订单给加工车间（流程负责人）

图 9-18　数据收集表

9.4.3.3 产品总周期时间

产品总周期时间含义如下:
1) 完成一项任务并进展到下一步工作所需的实际时间。
2) 用于完成相应流程所需的时间。
3) 某一个零件离开本流程、下一个零件开始进入该流程之间的时间。

精益的重要目标之一是让节拍时间与周期时间尽可能匹配。

制造凸轮轴的单位周期时间和总周期时间示例如下:

	时长/min
下料	15
车削	15
钻孔	20
热处理	4
磨削	5
检验	4
包装	3
总周期时间	66

9.4.3.4 节拍时间

节拍时间是满足客户需求所需的单位产品的平均生产时间。在制造过程的整个流程中,周期时间必须始终小于节拍时间以维持产品生产流动的顺畅。它的计算方法是净可用时间与日常订单需求的比值。它是以分钟为单位来表示的。上面的例子中生产线的节拍时间的计算如下,得到的结果是 4.30min/件:

$$节拍时间 = \frac{净可用时间}{日常订单需求} = \frac{430min}{100 件} = 4.30min/件$$

9.4.3.5 精益指标分析

价值流中总在制品库存如下:

下料之前	1200 件
下料和车削之间	5 件
车削和钻孔之间	5 件
钻孔和热处理之间	5 件
热处理和磨削之间	5 件
磨削和检验之间	20 件
检验和包装之间	120 件
包装后的成品	150 件
总库存	1510 件

9.4.3.6 在制品库存计算

在制品库存是指生产过程中尚在生产线上的产品,且需经过后续加工才能成为成品存储或发运。

下料之前	平均在库天数 12 天
下料和车削之间	平均在库天数 0.05 天
车削和钻孔之间	平均在库天数 0.05 天
钻孔和热处理之间	平均在库天数 0.05 天
热处理和磨削之间	平均在库天数 0.05 天
磨削和检验之间	平均在库天数 0.2 天
检验和包装之间	平均在库天数 1.2 天
包装后的成品	平均在库天数 1 天
总库存	平均在库天数 14.6 天

9.4.4 瓶颈分析

瓶颈工序即那些导致整个制造流程停止或放缓的工序。制造中断可能是由于材料延误、人力不足、没有 SOP 作业等。在一个制造流程(流水线)中,我们可以识别出瓶颈工站(工序),因为该工站的周期时间大于它的节拍时间。对凸轮轴生产线的单个周期时间和总节拍时间进行了分析,并找出了瓶颈工序。图 9-19 显示了凸轮轴生产线的瓶颈。

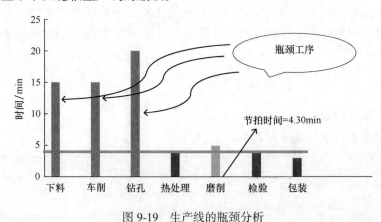

图 9-19 生产线的瓶颈分析

9.4.5 描述当前状态图

当前状态图描绘生产线的现状。价值流程图的目的是通过跟踪生产线上信息和材料的流动来识别增值和非增值的活动。本项研究针对凸轮轴生产线。下料是第一步操作,其次是车削和钻孔作业。然后对机械加工的零件进行热处理,最后进行磨削。下一步,进行凸轮轴的检验、包装和运输。共有 11 名工人参与制造凸轮轴。该公司作业时间是 8h/天(包括 30min 的午餐休息和 10min 的茶歇)。每个工作日制造 100 件凸轮轴。对每个进程的周期时间进行时间研究,以可视方式收集得到生产周期和在制品库存数。基于现有的数据,总周期时间和交货时间分别是 66min 和 14.6 天。节拍时间是 4.3min,当前的增值比例是 0.31%。分析当前状态图,计划潜在的改进行动并执行以改善当前状态。生产线的当前状态图如图 9-20 所示。

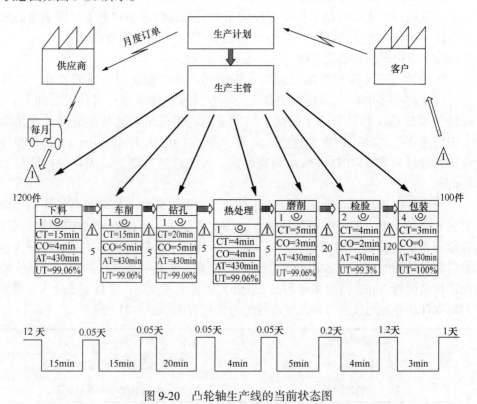

图 9-20 凸轮轴生产线的当前状态图

总周期时间	66min
交货时间	14.6 天 =21024min
增值比例	66min/21024min=0.31%

9.4.6 改进和未来状态图

凸轮轴制造所需的总时间是 66min。通过计算,过程的交货时间为 14.6 天。

节拍时间为 4.30min。通过价值分析，找出瓶颈工位。根据价值分析，下料、车削和钻孔被确定为瓶颈工序。作为改进活动的一部分，在整个生产线上开展 5S，以创建一个井然有序的工作场所。提供了工具箱和手推车来减少花费在寻找工具和运输的时间。除了以上这些改进活动，公司还规划执行了其他的小 Kaizen，并卓有成效。

9.4.6.1 改进下料过程

将原材料切割成加工所需的尺寸。机器采用锯片作为切割工具。通过分析工具的性能，项目组用新的更厚的锯片替换旧的锯片以便更快地切割。安装自定心卡盘以减少装卸时间。提供了空间来存放如油脂抹布和扳手以避免不必要的动作。所有这些行动都提高了效率，周期时间从 15min 降至 11min。

9.4.6.2 改进车削和钻孔过程

使用卧式车床进行车削。以前车床使用单动卡盘定位，这需要在装卸作业过程中花更多时间。项目组用自定心卡盘替换单动卡盘，简化了装卸工艺、降低了装卸难度并且节约了时间。目前常用的单刃车刀被替换成插入式单刃车刀以便于提高加工精度和速度。此外，除了采用 5S 和小 Kaizen，项目组还应用快速转换和 SMED 以减少周期时间。实施改进行动后，周期时间降低为 10min。

使用特殊用途摇臂钻床进行钻孔作业。项目组研究了如何提高钻床的主轴转速和进给速度，并根据研究成果，实施改进行动。通过协调钻床的堆放高度和退刀速度，提高钻削速度和效率。此外，提供了改进夹具和工装，以减少换模时间和装卸时间。把 SMED 和防错概念应用于夹具和工装。周期时间从实施改进行动前的 20min 降至改善后的 15min。除了上述改进，项目组还导入了维修和培训计划并实施改进行动。生产线的未来状态图如图 9-21 所示。

总周期时间	50min
交货时间	8.2 天 =11808min
增值比例	50min/11808min=0.42%

增值比例已从 0.31% 增加至 0.42%，这表明增值比例提高了 35%。

9.4.7 当前状态图和未来状态图的比较

实施改进行动后，使用精益绩效图比较之前和之后的结果，见表 9-23。总周期时间从 66min 减少到 50min。在制品库存量从 2310 件降低到 1121 件。价值流周期时间是 8.22 天，增值比例从 0.31% 提高到 0.42%。

第9章 精益六西格玛工业案例研究

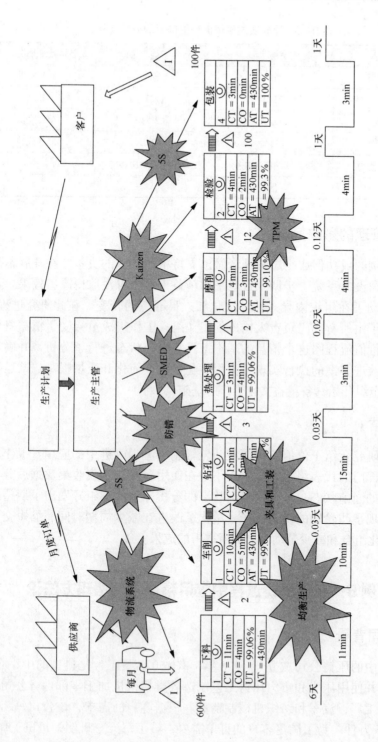

图 9-21 未来状态图

表 9-23 比较实施价值流程图前后的业绩指标

指　　标	实　施　前	实　施　后	改善比例
总周期时间	66min	50min	24%降低
价值流总在制品库存	2310	1121	51%降低
交付时间	14.6天	8.2天	44%降低
增值比例	0.31%	0.42%	35%改善
解决问题的能力	缺乏问题解决技能	提升了问题解决技能	
团队士气	低	高	

9.4.8　对管理的影响

这个案例的成功促成高层管理者做出支持精益实施的决策。在开展本研究以前，该公司没有系统、步调一致地采用精益工具，也没取得改善效果。本次研究结果启动了在组织内导入精益文化和人员心态的转变。在此研究过程中，该公司组建了由所有部门负责人构成的工作组，工作组成员接受了精益概念的培训，使用价值流程图这个精益的基本工具对当前状态进行了分析，并确定了改进方案。改进方案的执行实现了流程优化、生产简化和质量提高。试运行的成果是使得组织开始具备精益文化推广的基础。

9.4.9　总结

本案例研究介绍了价值流程图在凸轮轴制造流程改进中的应用。工作小组由来自不同部门的代表组成。该工作小组在使用属性检查表收集数据后分析了价值流程图的当前状态。基于对当前状态的分析，工作小组开发出了期望的未来状态，实现了凸轮轴的优化生产，量化了改进在减少周期时间、缩短交货时间、流程优化组合和减少劳动力方面所取得的成果。

9.5　案例5：在铝压铸过程中应用精益六西格玛方法论

9.5.1　公司背景

本案例中的压铸公司成立于1978年，有150名员工，是典型的中小企业。该企业设计并使用压力和重力压铸工艺制造各类精密机加工零部件。公司的主要客户为兵工厂、汽车和纺织机械制造商。根据客户的需求，该公司每年生产压铸件约25万件。为了满足客户的订单需要，员工每天三班倒，每班工作8h，每周工作 6 天。

9.5.2 问题背景

该公司的压铸工艺是先将铝合金锭放在熔炉中加热足够长的时间。当金属熔化达到适宜的温度，再注入模具内。在金属凝固后打开模具，在推杆的辅助下取出铸件，将其放置在一辆手推车上。然后铸件需要移动到指定的位置清理飞边。清理好的产品再次搬到机加工车间，根据图样中的尺寸要求，加工不同的孔和槽。接下来，半成品再移动到去毛刺车间，清理外部和孔内的毛刺。然后，产品运输到机加工车间倒角和加工螺纹。接着进行清洗和抛光作业。最后，成品存储在配货仓库里。发货部门按照和客户商定的交货时间，遵循先订货先服务的原则交货。快速周转订单由生产经理重新安排的批次加工计划而定（Kumar et al., 2006）。

希望投资回报率最大化和担心不能满足客户订单交期需求，迫使管理者更关注生产数量而不是质量，这导致了在制品、半成品库存、报废和返工成本的增加和成品中出现更多质量缺陷（如外部和内部的铸造缺陷，像分层起皮、裂缝、冷隔、气孔等）。因为公司的制造产能明显高于其生产需求，所以公司忽略了许多隐藏于制造过程中的浪费。由于在制品、半成品库存的不断增加，导致出现高库存占用成本和资金的问题。在过去的 6 年中，由于全球化和汽车行业的繁荣，产品的需求量扩大。为了满足客户的需求，公司追求产量而不顾质量，为满足客户的交期要求，把产品质量置于高风险的境地，这导致大量来自不同地区客户的投诉。

客户投诉的大部分是有关压铸件产品的裂纹扩展（导致汽车发动机无法正常运行）。管理者组建了一个团队负责查明根本原因。同时，在制品库存持续上升，机器停机和不同工作站闲置时间增加。员工健康和安全问题引起管理层的重视：车间的平均安全事故数量每年都有所增加。

在头脑风暴会上大家提出来一个问题：如何从一系列现有质量改进方案中选择一个行之有效的持续改善方法来解决这些问题。团队决定实施精益六西格玛来消除缺陷、减少变异、降低库存和复杂的系统性问题。精益简化流程和消除浪费（空闲时间、机器停机、在制品库存），降低总体的复杂性和有助于发现过程中的增值活动。六西格玛可以解决过程中根本原因未知的不良变化（在这个案例中是裂纹扩散）以及复杂而又跨部门的问题，有助于减少过程中出现的异动。这两种方法的有机结合消除了单一方法的局限性。

9.5.3 精益六西格玛方法论（DMAIC）

虽然团队使用有机结合的精益六西格玛方法，他们决定遵循标准的六西格玛方法实施步骤（DMAIC），并在 DMAIC 方法论中使用相应的精益工具。

9.5.3.1 定义阶段

操作工、生产和质量控制工程师、市场营销部代表和高级管理人员组成了一个跨职能团队。团队花了许多时间在车间观察，以便于采集数据和理解与压铸单元相关的不同过程。团队成员组织多次头脑风暴会议识别基于 VOC 输入的 CTQ。在会议上，团队成员之间讨论了压铸单元的问题、问题的大小和问题的影响等。很明显，大部分的客户投诉集中在该公司生产的汽车配件裂纹扩展问题。团队成员的目标是确定问题的根源并减少缺陷的数量。

9.5.3.2 测量阶段

团队被划分为几个小组，监测压铸产品每个工序中出现的缺陷。收集数据和分析发现，情况与历史数据相符：大多数缺陷和压铸机、去毛刺、倒角和攻螺纹有关。

下一步是基于客户要求确定性能标准。建立数据收集计划侧重于项目输出和开展标准制定工作。开展 Gage R&R 研究以识别测量系统中变异的来源并确定它是否准确。检查了用于特性测量量具的精度和由不同工人执行操作设备的准确性。Gage R&R 结果为 8.01%。这表明测量系统是可以接受的。客户所希望的是可靠的铸件，铸件应具有可测量的特征，如铸造密度。因此，团队的终极目标是提高铸造密度。

公司运营的基准能力是 0.12，缺陷率（DPU）是 0.18。所需铸件密度的规格极限是 $2.73 \sim 2.78 \text{g/cm}^3$，而在实施精益六西格玛之前，铸件的平均密度为 2.45g/cm^3。

9.5.3.3 分析阶段

团队成员的目标是找出缺陷的根本原因并识别导致缺陷的重要过程参数。共有七种铸造缺陷：气泡、缩孔、气孔和疏松为内部缺陷，而冷隔、分层和焊合是表面缺陷（外部缺陷）。内部缺陷是铸造期间金属凝固过程中产生的。在铸造中，孔由空气或其他气体排气不良引起，因铸造过程中的内部压力和应力导致裂纹扩展。此裂纹扩展会影响最终产品的正常工作，对装有压铸件的机械的整体性能很重要。

图 9-22 中的帕累托图显示了在过程中内部和外部缺陷的百分比大小。由此可以从图 9-22 总结出内部缺陷主要是铸造密度引起并占过程中缺陷总数的 67%。其他缺陷发生在受由模具和夹具夹紧影响的去毛刺、倒角和攻螺纹操作中。上面提到的所有缺陷降低了铸件的质量比如降低了铸件的密度。在举办了几次头脑风暴会议后，团队成员得出结论：铸造密度是压铸过程中最重要的 CTQ，因为它与许多内部缺陷（气泡、气孔、疏松、缩孔等）相关。

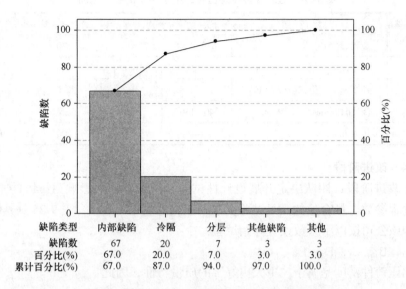

图 9-22 帕累托分析（铸件内部缺陷和外部缺陷）

压铸过程的目标是实现更好的铸造密度同时尽量减少无法控制参数的影响。为了清晰了解工艺参数对密度的影响，工作组编制了因果图（图9-23）。

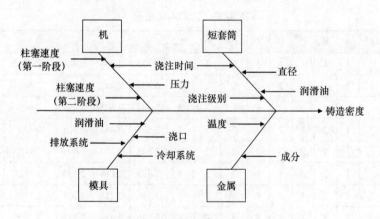

图 9-23 铸件密度问题因果图分析

因果图显示，影响铝压铸件密度的最重要的过程参数是第一阶段和第二阶段的柱塞速度、金属温度、浇注时间和压力。经验显示，只有采用两个以上的水平的试验才能确定铸造过程参数的非线性行为。表9-24给出了参数以及它们的设置。在这个阶段，至关重要的是，识别重要的过程参数，以便适当调整以实现铝压铸件密度在预期的范围。

表 9-24 过程参数设定值在三个水平下的要求范围

标 签	过 程 参 数	范 围	水平 1	水平 2	水平 3
A	金属温度 /℃	610~730	610	670	730
B	柱塞速度 – 第一阶段 / (m/s)	0.02~0.34	0.02	0.18	0.34
C	柱塞速度 – 第二阶段 / (m/s)	1.2~3.8	1.2	2.5	3.8
D	浇注时间 /ms	40~130	40	85	130
E	压力 /bar⊖	120~280	120	200	280

9.5.3.4 改进阶段

在改进阶段,团队决定开展设计性试验,以识别那些影响铝压铸件密度的重要过程参数。最合适的满足试验要求的正交阵列是 $L_{27}OA$,表 9-25 是其结果。最初,该公司按以下参数设置开始试验:

A_1,B_1,C_1,D_2,E_3

铝压铸件密度是属于"更大更好"的质量特性,因此

$$信噪比 = -10\lg\left[\frac{1}{n}\sum_{i=1}^{n}\left(\frac{1}{y_i^2}\right)\right] \tag{9.1}$$

其中,Y_i 为试验条件下的铸造密度。

表 9-25 $L_{27}OA$ 的结果

试验次数	A	B	C	D	E	AB	AC	BC	y_1	y_2	y_3	均值	信噪比
1	1	1	1	1	1	1	1	1	2.336	2.338	2.441	2.372	7.500
2	1	1	2	2	2	1	2	2	2.339	2.442	2.447	2.409	7.637
3	1	1	3	3	3	1	3	3	2.442	2.505	2.448	2.465	7.839
4	1	2	1	2	2	2	1	2	2.427	2.444	2.416	2.429	7.713
5	1	2	2	3	3	2	2	3	2.545	2.577	2.595	2572	8.210
6	1	2	3	1	1	2	3	1	2.435	2336	2.374	2.382	7.538
7	1	3	1	3	3	3	1	3	2.716	2.728	2.701	2.715	8.680
8	1	3	2	1	1	3	2	1	2.346	2.429	2.392	2.389	7.566
9	1	3	3	2	2	3	3	2	2.439	2.442	2.445	2.442	7.759
10	2	1	1	1	2	3	2	1	2.445	2.501	2.487	2.478	7.884
11	2	1	2	3	3	3	3	2	2.439	2.441	2.398	2.426	7.701
12	2	1	3	2	1	3	1	3	2.418	2.381	2.443	2.414	7.658

⊖ 1bar=0.1MPa。

（续）

试验次数	A	B	C	D	E	AB	AC	BC	y_1	y_2	y_3	均值	信噪比
13	2	2	1	3	1	3	2	2	2.542	2.513	2.504	2.520	8.031
14	2	2	2	1	2	3	3	3	2.459	2.463	2.445	2.456	7.808
15	2	2	3	2	S	3	1	1	2.543	2.585	2.591	2.573	8.212
16	2	3	1	1	2	1	3	3	2.441	2.493	2.502	2.479	7.887
17	2	3	2	2	a	1	1	1	2.594	2.588	2.591	2.591	8.274
18	2	3	3	3	1	1	2	2	2.539	2.542	2.545	2.542	8.108
19	3	1	1	3	2	2	1	3	2.474	2.495	2.489	2.486	7.914
20	3	1	2	1	3	2	2	1	2.603	2.595	2.588	2.595	8.288
21	3	1	3	2	1	2	3	2	2.438	2.473	2.452	2.454	7.803
22	3	2	1	1	3	3	1	2	2.704	2.685	2.692	2.694	8.611
23	3	2	2	2	1	3	2	3	2.640	2.682	2.654	2.659	8.497
24	3	2	3	3	2	3	3	1	2.703	2.698	2.691	2.697	8.623
25	3	3	1	2	2	1	1	3	2.671	2.679	2.685	2.673	8.562
26	3	3	2	3	3	1	2	1	2.726	2.717	2.720	2.721	8.699
27	3	3	3	1	3	1	3	2	2.745	2.747	2.752	2.748	8.785

每个试验条件重复了三次（即 $n=3$）。计算 27 个试验条件下的信噪比。在表 9-26 中列出了每个参数在试验中信噪比的平均值。基于分析，交互作用对铸造密度的影响可以忽略不计，因此不需要做进一步研究。

表 9-26 在不同水平下每个过程参数信噪比的平均值

过程参数	A	B	C	D	E
水平 1	7.827	7.803	8.087	7.960	7.923
水平 2	7.951	8.138	8.076	8.038	7.966
水平 3	8.420	8.258	8.036	8.201	8.309

从表 9-26 可以发现，当过程参数 A、B、D 和 E 都在 3 级和参数 C 在 1 级时，铝压铸件密度处于最大值。一旦确定了参数的优化设置，团队成员决定通过实施 5S 系统和 TPM，在车间内建立一个干净的生产环境，减少车间内机器和员工的空闲时间。

9.5.3.4.1 验证试验

为了验证改进阶段获得的结果，对 A、B、D 和 E 在 3 级和 C 参数在 1 级的最优设置进行过程参数验证。铝压铸件密度的平均值为 2.75g/cm^3。铝压铸件密度值增加了超过12%。为了检查结果是有效和持续的,决定观察接下来3天产品的铸造密度值。

9.5.3.4.2　5S系统和TPM

为了在企业内建立标准的现场管理方法,高层管理者决定推行5S系统以帮助员工减少非增值时间(Womack et al., 1996)。此外,因为意外事故逐年增加,也考虑到员工的健康和安全问题。

在车间现场实施5S培训,这有助于企业在以下方面获益:

1)每天清理车间,并保证员工在下午和夜班工作时现场有足够亮度的照明。

2)为了使每个过程中空闲时间减少到最低,需要给员工提供单独的工具架来正确放置各自的物品。

3)把去过毛刺的零件移到压铸机附近,可以减少压铸机至去毛刺工序之间的运输时间。

4)清理机器的粉尘、脂和油以保证员工安全与健康。

实施5S可以更好地优化工作环境、建立标准化工作流以及明确员工对各工序的责任。它也有助于通过减少一些工序中的空闲时间以提高生产力。

虽然在20世纪90年代后期,该组织就导入了TPM,但由于管理层只是"口头革命派",没有在实际的实施过程中表现出任何兴趣,最终TPM以失败告终。当时,组织仅将TPM用于管理文档和吸引客户。后来,激烈的市场竞争迫使管理层重新思考在精益六西格玛框架内适当地采用TPM方案,显著增加产量,同时提高员工的士气和工作满意度。持续不断增加的在制品库存、机器停机时间和空闲时间等问题完全可以通过合理实施TPM方案得到解决。下面列出了管理层为有效实施TPM而采取的步骤:

1)定期维修机器,即对车间内所有机器清洁、润滑、检查和采取纠正行动。

2)收集和分析设备的停机时间和改进措施的数据,以提高OEE和整体工厂效率(OPE)。

3)创建设备改进团队和TPM区域协调员,监测方案的正确执行。

4)组织全员参与,以达到组织中所有职能区域的零缺陷、零故障和零事故。

5)强调培训方案以有效执行TPM方案。

9.5.3.5　控制阶段

六西格玛方法论的主要目的不仅是改进流程的绩效,而且需要长期维持改进的结果。因此,我们必须标准化最优过程参数设置。压铸工艺的优化关键过程参数 A、B、C、D 和 E 分别设置为 730℃、0.34m/s、1.2m/s、130ms 和 280bar。为了得到以上过程参数的准确测量值，工厂使用了不同的传感器（压力传感器、温度传感器、位置和速度传感器）。以上措施提高了组织的盈利能力。另外，使用 $\bar{X}$-R 控制图来确保过程是稳定的，并且没有发现观察点超出控制范围。

管理团队已决定实施防错措施，以防止生产中发生其他类型的缺陷。在实施防错措施过程中，该公司考虑了以下各点：

1）检查初期设计阶段的缺陷，这样缺陷就不会传递到生产阶段。

2）使用 FMEA、内部的报废和返工数据、检验数据和客户投诉分析，可以帮助发现潜在的问题并可以用防错机制解决。

3）组建跨职能团队检讨制造和设计中可能导致的错误、缺陷、失效。

4）与员工共享有关公司业绩的信息。

5）为车间员工提供关于生产和质量问题以及其他活动（譬如解决问题的能力和组织团队建设）的培训。

6）在每个加工工序中使用控制图，并使员工了解生产各阶段的实时工作绩效。

7）激励和认可员工对建立组织内最佳实践的贡献。

8）奖励和认可参与该项目的员工。

9.5.4 项目的典型收益

实施精益六西格玛方法论帮助本案例的组织：

1）减少机器停机时间。

2）建立一个标准的整理流程。

3）增加员工的信心。

4）增强员工的主人翁意识。

5）提高 OEE。

6）及时处理客户投诉。

7）减少库存。

8）减少机器准备时间。

9）减少工作场所的事故数量。

实现在上述领域的改进后，该组织获得具体的财务收益如下：

1）机器停机时间从 1% 到下降到 0.6%，帮助提高了 OEE。其结果是节约 40000 美元/年。

2）库存降低了 25% 以上，节约资金 33000 美元/年。

3）标准现场管理流程有助于显著减少在工作场所发生的事故次数，减少了支付给受伤雇员的补偿金（约 20000 美元 / 年）。

4）减少缺陷而产生的节余估计大约在 46500 美元 / 年。

因此，该公司在实施精益六西格玛战略后节省了约 140000 美元 / 年。如表 9-27 所示，实施精益六西格玛方法论后，关键绩效指标有重大改进。用于比较实施精益六西格玛方法论后所取得业绩的关键绩效指标包括 DPU、首次合格率、C_p、铝压铸件密度的均值和标准差和 OEE。

表 9-27 关键绩效指标的前后比较

所用的关键绩效指标	改 善 前	改 善 后
DPU	0.18	0.0068
首次合格率	82%	99.32%
C_p	0.12	1.41
均值	2.45g/cm³	2.75g/cm³
标准差	0.069g/cm³	0.0059g/cm³
OEE	48%	83%

从表中数据可以看到该公司在关键绩效指标上的改善。这促使管理层在其他部门如交易流程、服务相关的流程等横向部署精益六西格玛的管理方法并与员工分享从中所取得的收益。

9.5.5 挑战、心得体会和管理启示

对任何持续改善活动而言，重要的是探讨实施过程中遇到的挑战和获得的经验教训。总结以前的项目为新项目的实施提供了需要加以关注的宝贵的经验教训。在本案例中，管理层不准备在牺牲产量的前提下提高最终产品的质量，最艰巨的任务是说服最高管理层，因为管理层感觉，提高质量就意味着增加生产成本，而面对竞争对手的严峻挑战，他们负担不起这样的投资。

如果你试着向公司导入并实施如精益六西格玛这样一些新的问题解决方法，遇到员工抵制变革是再正常不过的。根据观察，组织内员工认为实施新的流程改进方法可能危及他们的就业机会，如果绩效不良还可能导致他们失去工作。高级管理团队就这一具体问题进行了讨论。后来，最高管理层使员工相信，实施改进不会危及他们的工作。如果可能，在团队和个人层面，他们将由于更好的绩效成果而获得奖励。这逐渐增强了员工的信心。最后，他们欢迎将精益六西格玛导入生产过程中。

此外还发现当团队决定在组织内推行 5S 系统，确保合适的现场管理，减少事故以确保安全的生产环境时，遇到了来自管理人员的阻力。部分管理人员认为，人机工程学不会影响员工的绩效以及生产。通过向他们展示如果开始就避

免事故的发生，不仅可以节省开支，良好的现场管理还可以减少操作人员与机械的闲置时间，管理团队同意推行 5S 系统。

该公司基于经验针对不同的问题使用了不同的解决方法。通常，团队很少能确认或推导出问题的根本原因。没有标准的问题解决方案导致整个公司在多个业务场合出现管理混乱。精益六西格玛为高级管理人员提供了一个有效解决问题的标准路线图。一位资深经理人评论说，"精益六西格玛最大的特点是在五个阶段中集成问题解决工具，并应用数据分析，来挑战许多经理人员经年累月地用他们的直觉和本能解决问题的习惯"。精益六西格玛的应用极大地激励着公司内许多工程师和经理人员应用这一问题解决方法，从而将其应用拓展至公司的其他业务，如公司财务、行政管理、供应链、人力资源及新产品开发过程等方面。

9.5.6 回顾使用的工具

在此案例研究过程中所使用的工具如下：
1）头脑风暴。
2）VOC 分析。
3）数据收集策略。
4）MSA 研究。
5）因果图。
6）帕累托分析。
7）FMEA。
8）田口设计正交阵列试验。
9）5S 实践。
10）OEE。

9.5.7 总结

实施精益六西格玛帮助在公司内部建立最佳实践分享机制，为参与改善的公司提供了未来进一步实施改进措施的基准线。铝压铸的优化设置使得铝压铸件密度增加了 12%。该项目产生的财务收益大约为 140000 美元 / 年。显著的成效也推动将精益六西格玛方法拓展到其他业务流程上。许多中小企业面临缺乏资金和人力资源的挑战。这就要求开发标准的精益六西格玛路线图。该路线图需要显示如何开始，紧随其后的实施和推而广之的指南。本书的第 4 章提供了这样的路线图，适用于缺乏预算和人力资源的中小企业。

参考文献

Gijo, E. V., Bhat, S. and Jnanesh, N. A. (2014). Application of Six Sigma methodology in a small scale foundry industry. *International Journal of Lean Six Sigma* 5(2): 193–211.

Gijo, E. V. and Sarkar, A. (2013). Application of Six Sigma to improve the quality of the road for wind turbine installation. *The TQM Journal* 25(3): 244–258.

Gijo, E. V. and Scaria, J. (2010). Reducing rejection and rework by application of Six Sigma methodology in manufacturing process. *International Journal of Six Sigma and Competitive Advantage* 6(1–2): 77–90.

Kumar, M., Antony, J., Singh, R. K., Tiwari, M. K. and Perry, D., (2006). Implementing the Lean Sigma framework in an Indian SME: A case study. *Production Planning and Control: The Management of Operations* 17(4): 407–423.